JN240291

平野由希子
Hirano Yukiko

Treasures of mine！
私のとっておき

南フランス
猫と旅する
美しい村

SHC

introduction

「猫と一緒に飛行機旅をする」と言うと、ほとんどの人が「一緒に乗れるの？　貨物じゃなくて？」という反応をする。犬や猫を飼っている人だってそうだ。

　日本ではほとんどの航空会社でペットは貨物扱いなので、それが日本の常識だ。でも、ヨーロッパでは客室で一緒に過ごすのはごく当たり前のこと。カフェやレストラン、ホテルや旅先でも、ペットと一緒に過ごすのがスタンダードだ。

　日本では、ペットを連れて渡航すべきではないという考えの人は多い。電車やバスは乗れるけれど、飛行機はダメ。それぞれの意見があるのはわかる。海外の事例が全て正しいとも思わない。でも、そうかなあ、どうしてもダメかなあ？

　うちの猫クミンは私といつでもどこでも一緒に行きたがる。家の中でもいつもついて来る。そして、好奇心が旺盛で猫とは思えないくらいの抜群の適応力がある。置いていくと淋しがって、帰ってきた後が大変だ。電車や車の国内旅行は少々経験してきたけれど、もしかして、クミンとだったら飛行機旅に行けるかもしれない。もちろん、リスクだってあるし、準備だって大変だ。でも、だからといって、はなから諦めてしまうのは、何だか違う。

　人生は冒険だ。クミンなら私との冒険につきあってくれるはずだ。ほら、今日もスーツケースに飛び乗って、「置いていかないで。一緒に行くよ」とばかりにこっちを見ている。

　OK！クミン。一緒に旅立とう！

第1章

猫との飛行機旅へ

comment voyager

クミンと旅をするには？

「はじめに」では少し威勢よく書いたけれど、クミンとの旅は悩みに悩んだ結果だ。正直に言えば、クミンと暮らし始めることを決めた時から、旅することはほとんど諦めてきた。

　国内旅行は何度かトライしてみたけれど（ちなみにクミンはいつもご機嫌）、宿を探すのも、旅先で食事をするのも、かなりハードルが高い。一緒に行きたいと思える旅先を見つけることすら難しい。ある程度覚悟はしていたけれど、こんな状況なのかと、正直面食らったのも事実。でも、クミンを置いて行くくらいなら行かない方がいい。そう思っていた。それと同時に私はこのまま旅に行かない人生を送るのかな、そんなくすぶった気持ちを抱えてもいた。

　そこで、クミンと旅するには？ を考えた。

avec cumin?

1 日本は無理でもフランスには行けるはず。

フランスではペットとの旅行は当たり前のこと。エールフランスはもちろん、世界の航空会社の多くはペットと一緒に客室に搭乗できる。少々遠いけれど、クミンと私が旅をするのなら、もしかして、やっぱりフランス？

2 ちょっと長めの旅程にする。

どんなところでもすぐに適応してくれる心強いクミンなのだけど、短期間の滞在では、クミンのストレスが心配だ。クミンがその場所に慣れて楽しんでもらえるような旅にしたい。予定ぎっしり、移動中心の旅ではなく、クミンとのんびり過ごす旅に。

3 移動のスケジュールもゆったりと。

一番心配なのは飛行機の中のクミンのこと。トイレや食事のことなど、心配はつきない。トランジットで宿泊をしたり、できる限り無理のないように。

4 負担を減らすプランに。

私も50過ぎだし、長時間のフライトはきついのが正直なところ。クミンにとっては初めての旅。あれやこれやと考えると、大抵のことには動じない私だって、想像するだけで手に汗が滲むくらい緊張する。負担の少ない旅がしたい。座席は贅沢することにしよう。

PARIS
パリ

FRANCE

CABRESPINE
カブルスピーヌ

　そうして、旅のスタイルが決まった頃、久しぶりに友人からメールが届いた。十数年前、カスレを学ぶためにトゥールーズにホームステイをしていたことがあるのだけれど、そのコーディネートをしてくれたフランス在住のめぐみさんからだった。時々は連絡を取り合っているけれど、久しぶりのメール。嬉しいな、どうしてるかな、そろそろ会いたいな。なんて思いつつメールを開いた。

　なんと！ それは、フランスの田舎の小さな村でシャンブルドット（家の一部を貸す民宿）を始めたので遊びに来ませんか？ のお誘いメールだった。

　ウィウィ。行きますとも！ クミンと行く旅がまた見えてきてしまった！

旅のプランニング

　旅はなんといってもこれが楽しい。旅先はフランス・オクシタニー地方のカブルスピーヌという南仏の村。トゥールーズから車で2時間ほどの小さな美しい村だという。しかも、村には猫がたくさん住んでいるので、シャ（chat フランス語の猫）ブルスピーヌと呼ぶ人もいるのだとか。うーん、これはもう導かれているに違いない。

　さてそうすると、パリからトゥールーズまでの国内線の移動ということになる。あれ？　エールフランスって国際線はペットと一緒に搭乗できるけれど、国内線はどうなのだっけ？　小さな飛行機ってどうなのだろう、とここで日本の常識を思い出す。クミンが貨物扱いになってしまったら、元も子もない。心配になって、エールフランスにドキドキしながら問い合わせをしてみる。

　すると「国内線もペットとの搭乗可能です」とあっさり。そうでしたか、当然のことなのですね。失礼しました。さすがです。

　パリに何日か滞在して、それからカブルスピーヌに行こうかな。などと考えながら、いろいろ検索していると、突然に飛び込んできたのは、ターキッシュ エアラインズのビジネスクラスの座席で子犬が幸せそうに寝ている SNS

の写真。

　え? 何この幸せそうな光景は。そしてさらに検索していると、猫が機内の座席で飼い主とじゃれあっている投稿も見つかった。

　そうか。イスタンブール経由で行くというのもありだ。イスタンブールは世界で一番猫に優しい都市とも言われているしね。イスタンブールの猫たちに会いに行き、トルコ料理を楽しんでから、フランスに行こうかな。いいかも、いいかも。

enregistrement

　さて、出発の日を迎えた。ここまでの準備は少々かかったけれど、いよいよ出発だ。クミンはどうなのかなあ。行きのスカイライナーでもいつも通りぐっすりで心強い。私はといえば、旅に行くのにこんなに緊張するのなんて、何十年ぶりだ。

　ターキッシュ エアラインズにチェックインする時がやってきた。クミンのトルコ入国のための検疫書類をカウンターでチェックしてもらう。入念な準備をしてきたし、大丈夫なはずだ。もうドキドキしなくていい。そして確認が済み、クミンの搭乗料金US150ドルを支払って、タグをつけてもらったら、よし、これで搭乗可能！　あー、ここまで本当に長かった、ようやくだ！

　緊張したので、喉がカラカラ。ラウンジに行ってビールでも飲もう。ターキッシュ エアラインズのビジネスクラスは同じスターアライアンスメンバーであるANAもしくはユナイテッド航空のラウンジが使用可能。ペットとの搭乗OKな航空会社はラウンジにも一緒に入れるので、ユナイテッド航空のラウンジに向かう。

　ふー、ビールが最高においしい。クミンは窓から外を興味津々に眺めてる。そうよ、クミン。あの飛行機に一緒に

乗るんだよ。

　さて、いよいよ機内へ。クミンのスペースはどこかなあ？　わ。広い！　しかも足元ではなくて、私の視線の目の前だ。もちろん、私のスペースもゆったりだし、あー、これならクミンもゆったり過ごしてくれそう。

　心配していた離陸の轟音にも、クミンは怖がる様子も見せずほっとする。さすがクミン！　そうです。クミンは猫のくせに全くビビリではないのです。まず、鳴かない。普段も一日中鳴かない日もあるくらいで、電車や車の移動でも鳴かないのです。クミンとなら旅に行ける。と思えたのはクミンのこの性分のおかげ。赤ちゃん連れのお母さん達は大変だろうなあと思います。赤ちゃんは泣くのが仕事で

すからね。クミンはいつも通りひと鳴きもせずに離陸。ありがとう、クミン！

　膝の上にケージを乗せ、ファスナーを開けてクミンの様子を確認。いつも通りの元気なクミンだ。13時間のフライト、どうか安全に過ごしてね。

　そこにCAの方がやってきて、「ファスナーはちゃんと閉めてね。僕もスコティッシュを2匹飼っているし、猫大好きなんだけど、規則だからね」。

　それはそうです、はい。SNSで子犬がシートで寝ている写真がアップされてはいたけれど、それは規則違反だし、無理なことは承知の上。でも、たまにこっそり撫でたりする（できれば抱っこ）くらいはどうか見逃してね。

　さて、お楽しみの機内食の時間がやってきた。時々様子

を伺うも、ぐっすり寝ているよう。長い間続いてきた私の
緊張も少し緩ませたい。トルコワインなどが並ぶワインリ
ストから、気になるものを頼む。トルコ料理は大好きなの
で、機内食も楽しみ。シャンパーニュを飲みながら、ワ
ゴンサービスの前菜を選ぶ。まずはマッシュルームスー
プ、それからトルコの前菜を。どれにしようかな。フムス、
なすのごまペースト和え、焼きアスパラガスをチョイス。
サービススタッフからは日本料理の揚げなすのゆずソース
添えをおすすめされたので、ではそれも。トルコワインを
飲んで、ああ、はりつめていた緊張の糸が緩んでいく…。

toilettes et nourri

東京からイスタンブールまでは13時間。長時間のフライトで一番気になるのはやっぱりトイレのこと。

心配から解き放ってくれたのは、通販サイトで購入した携帯トイレ。これが本当に優れもの。このおかげでクミンとの旅はトイレの心配がなくなったと言ってもいい。ファスナー付きのバッグタイプになっているので、どこにでも持ち運び可能。とにかく軽いし、ペットシーツと併用すれば砂は少しで大丈夫。座席は無理だけれど、機内のトイレでも広げられそうだし、搭乗前や飛行機を降りてから多機能トイレでこれを広げればいい。

飛行機旅の前、予行演習のドライブ旅でトイレデビューをさせてみたら、すんなり使ってくれてひと安心。これがあれば万全だ。猫旅の前には、慣れるように数日前から家で練習させておくといいと思う。

機内に持ち込めるペットフードは航空会社によってそれぞれなので、要確認。ドライフードのみ、液体を含むものは化粧品と同じ扱いで容量に制限があるなど。

持ち込みできない航空会社もあるけれど、チューブタイプの「CIAOちゅ〜る」は手も汚れず、ちょっとだけあげられるのでとても便利。あとはフタつきの折りたたみ携帯カップなどを水用に。

写真上／折りたたむとこんな感じ。
写真下左／ペットシーツと併用して使うと安心。
写真下右／持ち歩きやすく、誰もトイレだとは気づかない!

イスタンブールに到着！

　窓からイスタンブールの街が見えてきた。いよいよ着陸。お疲れ様、イスタンブールに着いたよ！

　さて、トルコに入国。外国の動物検疫の入国審査はあっけないほど簡単だと言われているけれど…。とはいえ、初めての経験。ドキドキしながら、事前に用意した書類を確認して進む。

　パスポートコントロールを過ぎると、あれ？　出ちゃった。検疫ってどこ？　書類を見せる間もなく、あとは荷物を受け取るだけだ。噂には聞いていたけれど、クミンはあっけなく入国。せっかく苦労して用意した書類なのに、という気持ちもなくはないけれど、とにもかくにも無事にイスタンブールに到着!!

第2章

経由地
イスタンブール

イスタンブールのホテルにチェックイン！

空港からタクシーに乗ってイスタンブールのホテルへ向かう。車移動に慣れているクミンは身を乗り出して、私と一緒に外の風景を見ている。観光名所のガラタ橋など夜景が美しい。いつも通りのクミンの様子に癒されながら、ホテルに到着。

車を降りると、ホテルの回転ドアの前に小さな猫がちょんと座っている！ え、これはお出迎え？ 初めてのトルコの猫との出会いがこんな風だなんて、ちょっと感動してしまう。

猫はそのまますりりとフロントに入っていき、まるで私たちを先導してくれているよう。猫はホテルマンに撫でられたりしていて、いつも出入りしているような素振りだ。ここは猫の国、トルコだ。クミン、私たちもゆったりと自由に過ごそうね。

今夜は初めてのクミンとの海外ホテルステイだ。ただ、このホテル予約のあっけないことと言ったら、信じられないほどだった。制約らしいことはひとつもなし。いつものようにホテルの予約サイトを検索して、ペット可の項目にチェックを入れるだけ。ベッドをダブルにするかツインにするかと同じくらいの感覚だ。検索結果も数千件と出てくる。それは、ここトルコもフランスでも同じ。ホテルでペットと一緒に宿泊できることは、ごく当たり前の常識の

hôtel

ようだ。

　しかも、このイスタンブールのホテルは何のチャージも
なくペット料金の加算も保証金も一切なし。クミンは粗相
をしたことが一度もないので、ホテルの部屋を汚す心配は
していないのだけれど、それにしても何ておおらかなのだ
ろう…。

　もう肩に力を入れる必要はないみたい。今日はゆっくり
休もうね、クミン。

petit déjeuner à

お腹が空いた。朝ごはんを食べに行こう。これもトルコ旅行で楽しみにしていたことのひとつ。トルコでは朝ごはんがとても大切にされていて「週末朝ごはんを食べに行かない？」というやりとりは日常のことなのだそう。チャイを片手にゆっくりと時間をかけて食べるトルコ式の朝食は「カフヴァルトゥ」と言われ、朝食専門店も数軒ある。中でもとっておきの朝食が食べられるという「Dogaciyiz Gourmet ドーアジュイズ・グルメ」という店に出かけることに。

さて、クミンはどうする？ ここイスタンブールでは、飲食店に一緒に行くのは全く問題なしの猫天国。ただ、クミンが疲れているようならあまり連れ回したくはない。クミンは犬みたいなところはあるけれど、リードでお散歩はしないし、普通の家猫だ。お留守番がたぶん、妥当な選択。ただ、今日のクミンの様子はどうも出かけたがっているようだ。それはドアの前で何度か鳴き声をあげているから。いつもはほとんど一日中鳴かないのだけれど、外に出たい時には「にゃあ」と鳴く。どうしたいの、クミン？

慣れないホテルに置いて行くのも心配なので、ハーネスを着けて、お出かけ用のネット製のバッグに入れて出かけることにする。

さて、イスタンブールの街へGO！ 着いたのは新市街の雰囲気のあるカフェ風の店。朝食セットを頼むと、マダ

istanbul avec cumin

ムがクミンに気がついた。もちろん、咎められることなどはなく「日本から来たの？ 私も猫5匹飼ってるのよ。かわいい黒猫ちゃんね。お水飲むかしら？」とクミンのためにお水を出してくれる。ふと見ると、店の前の道路にも街の猫のための水が置いてあった。

　クミンが横にいてくれると思うと私の食欲も増す（？）。さて、そうしてテーブルに並べられたその朝食の豪華なこと。まずは数種類のパンが運ばれてくる。ピタパンやごまのパン、トルコ風のピザ「ピデ」、チーズやディップ、オリーブ、野菜料理などが続々と運ばれてくる。ひよこ豆のペーストのフムスやなす、オリーブとタイムのサラダ、パプリカペーストなどなど。そこに手作りのバターやジャム、

第2章　経由地イスタンブール

こだわりの生産者のはちみつやピーナッバターなどが並ぶ。パンが進んで困る味だ。

　トルコの朝ごはんで欠かせない名物といえばまずは「カイマク」。これは牛や水牛の乳を低温で2時間ほど火入れした後、クリーム状になった上澄みを取り出し、発酵させた濃厚なチーズクリームだ。はちみつをたっぷりかけて食べるのがお決まり。カイマクはスーパーでも売っているけれど、これが上質なのか、新鮮なのかどうかで、全く別物だそうだ。この店のカイマクは水牛のもの。濃厚だけどサラリともしている。さすが人気店、と頷く味。

　テーブルにはもう十分な皿数が並んでいるけれど、スパイシーな牛のサラミソーセージ「スジュック」、そして名物の（名物だらけ！）の卵料理「メネメン」が熱々で運ばれてきた。これは玉ねぎ、パプリカ、トマトを入れたスクランブルエッグ。バスク風オムレツにもよく似ているかな。

　もうお腹がはち切れそう。少し散歩でもしないと。クミン、つきあってくれるかな？

イスタンブール猫散歩

イスタンブールの街はどこを歩いても、猫に出会う。カフェやレストランの席を陣取って寝ているのは当たり前。街角には猫のための餌や水が至るところに設置されている。寒さをしのぐための猫アパートも餌をあげる猫おじさんもイスタンブールらしい街の風景だ。そして、どの猫もみんなのんびり。愛されて生きている猫はみんなとっても人懐っこい。

quitter istanbul

イスタンブール出発──フランスへ

イスタンブールからトゥールーズまでは3時間半。トルコとフランスって意外に近い。いよいよフランスだ！ 13時間の長旅もへっちゃらだったクミンなので、このくらいの距離ならさほど心配しなくてもよさそう。

空港に着くと、目の前にいきなりX線の検査場がある。ケージをX線に通すように言われる。クミンをケージから出してゲートをくぐらなくてはいけない。人間だって靴を脱いだり、ベルトを外すことさえあるのだから、そりゃ仕方がない。ただ、ビビリな猫はケージから出るのを怖がったり、パニックになることもあるかもしれない。そういう場合には、洗濯ネットに入れると落ち着くらしいので、準備しておくといいそうだ。

好奇心旺盛なクミンの場合には逃げ出してしまわないように、がっちり抱きかかえてなんとか無事に乗り切る。ふー。さて、チェックインカウンターへ。なんとターキッシュ エアラインズにはペット連れ専用のチェックインカウンターがあるのだ。しかも結構な広さと対応人数だ。犬や猫を連れた人たちがチェックイン待ちをしていて、なんだか心強い。私もここに並び、出国手続きを済ます。専門スタッフがいるので、あれこれ書類手続きがあるが、スムーズに終了。

そして進むとまた空港内にペットマークを発見。なんと、

　ペットのリリーフルームまであるのだ。どこまで、ペットフレンドリーなのだろう、この国は！ このラウンジには犬・猫の餌、水飲み場、そして猫砂も設置されている。ケージから出してあげて、ペットがひと息をつける場所なのだ。いやはや恐れ入る。なんだか歓迎されてる気がするね、クミン。

　搭乗前にX線チェックがもう一度あり、冷や汗をかくが、無事にクリア。さていよいよフランス行きの飛行機に乗るよ、クミン。

　中距離線の飛行機は小さめ。クミンは膝の上で離陸する。クミンの様子はもう堂に入った感じ。何にでもすぐ慣れてくれるのは本当にありがたい。さて、3時間半の空の旅、一緒に楽しもうね！

第 3 章

猫旅の準備

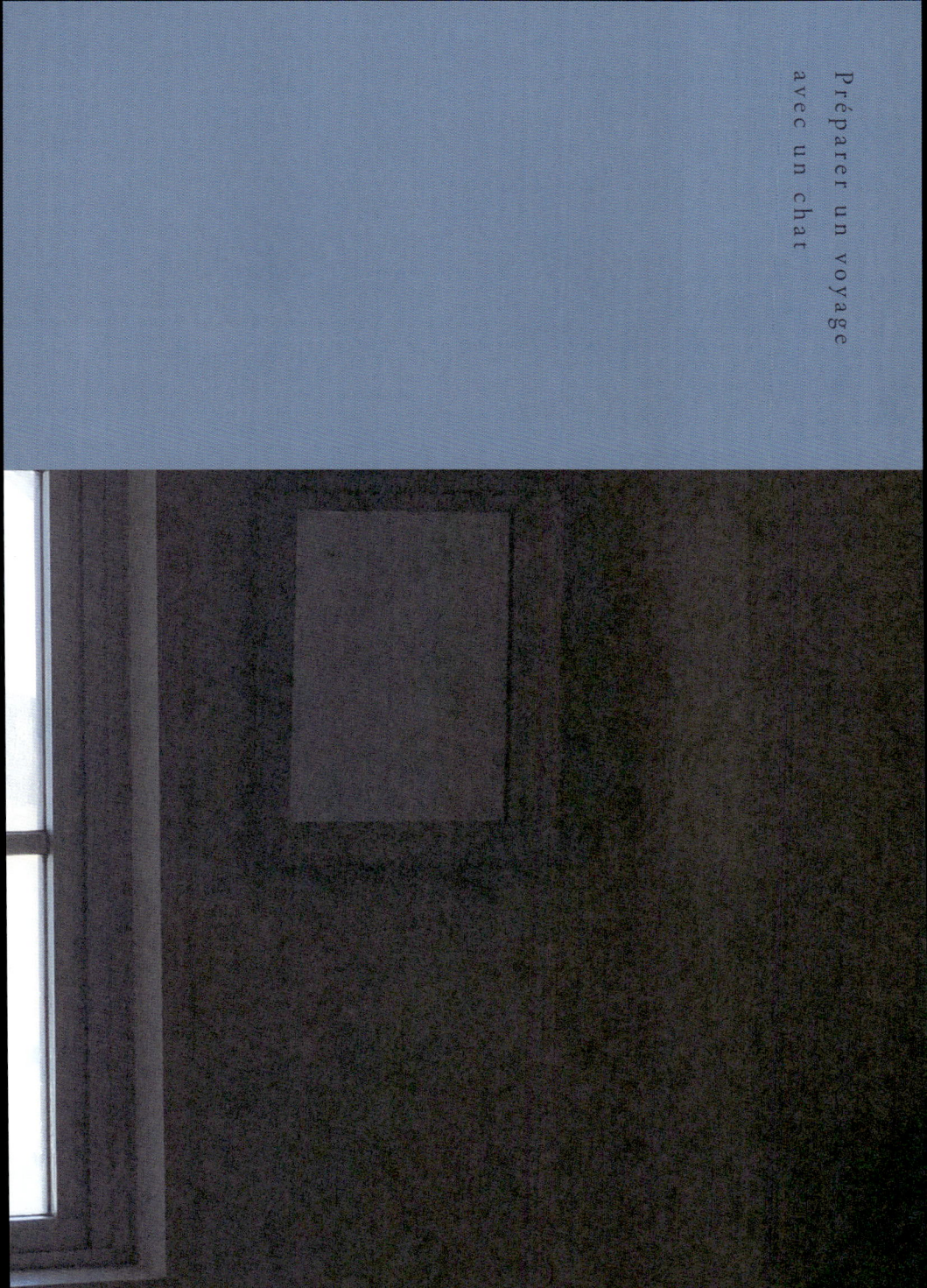

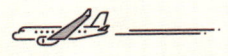

航空会社選び

　ペットと客室に同乗できる航空会社はたくさんある。1980年代後半からサービス向上を図る航空会社がペットの同伴を認めるようになり、1990年代にはそれが一般化したと言われる。

　ターキッシュ エアラインズのHPには「ペットを連れて世界中を探索し、素晴らしい空の旅をお楽しみください。当社では、ペットが安全かつ快適に過ごせる環境を提供しています。ペットが可能な限り最高な状態で旅行できるようにしながら、お客様の快適かつ安全な空の旅を実現いたします」とあり、エールフランスのHPには「ペットと旅行するのが好き

ですか？　私たちもペット好きです！」と書かれていて、何だか嬉しくなる。

　客室に同乗するには、ケージに入れてフライト中は外に出すことはできないが、それでも一緒にいることができる。ケージは座席前の手荷物スペースに入れられる大きさで、サイズやペットの重量制限は航空会社によって異なるので、要確認。

　貨物扱いのみOK、貨物としてもNGの航空会社もある。宗教上の理由など各社それぞれのお国事情が垣間見られ、結構面白い。

　エジプト航空やエティハド航空はなんとハヤブサもOKだ。アラブの富裕層はハヤブサを飼うことが多いらしい。しかも、ペットの持ち込み料金は一般的に片道100〜300ドル程度だけれど、エティ

ハド航空は1500ドル！ しかもビジネスクラスの場合には足元にペットを置くスペースがないので、さらに追加料金で隣の座席を購入する必要があるという…。

日本では国内線のスターフライヤーがペットとの搭乗サービスを始めた。こちらも隣の席を購入するので、50000円。

各航空会社の搭乗クラスは、エコノミークラスは基本OKだが、ビジネス、ファーストなどクラスによってはNGの航空会社も多い。条件は時々変わるので要確認。

ペットの同伴については、まだまだこれから制度やルールが変わっていくところのよう。アメリカでは、大型犬は貨物室にしか乗せられないのはどうか？ という議論も起こっている。デコピンじゃなくたって、一緒に旅をできるようになる日が来るかもしれない。

航空会社の犬猫への客室持込一覧

エールフランス	フランス	**可**
KLMオランダ航空	オランダ	**可**
ルフトハンザドイツ航空	ドイツ	**可**
ITAエアウェイズ	イタリア	**可**
スイスインターナショナル エアラインズ	スイス	**可**
イベリア航空	スペイン	**可**
オーストリア航空	オーストリア	**可**
ブリティッシュ・エアウェイズ	イギリス	**可**
LOTポーランド航空	ポーランド	**可**
タロム航空	ルーマニア	**可**
アエロフロート	ロシア	**可**
スカンジナビア航空	デンマーク、スウェーデン、ノルウェー	**可**
フィンエアー	フィンランド	**可**
エア カナダ	カナダ	**可**
デルタ航空	アメリカ	**可**
アメリカン航空	アメリカ	**可**
ユナイテッド航空	アメリカ	**可**
エミレーツ航空	UAE	不可
カタール航空	カタール	不可
ターキッシュ エアラインズ	トルコ	**可**
エジプト航空	エジプト	**可**
エティハド航空	UAE	**可**
エア インディア	インド	**可**
MIATモンゴル航空	モンゴル	**可**
大韓航空	韓国	**可**
アシアナ航空	韓国	**可**
ベトナム航空	ベトナム	**可**
シンガポール航空	シンガポール	不可
エアアジア	マレーシア	不可
全日本空輸	日本	不可
日本航空	日本	不可
スターフライヤー	日本	**可**
カンタス航空	オーストラリア	不可
ニュージーランド航空	ニュージーランド	不可

2024年10月　各社webサイト調べ

航 空 券 の 予 約 の 仕 方

　航空会社によって様々なので、ここではエールフランスを一例に。ペットとの搭乗はリクエスト制になる。同じ機体に犬と猫は一緒に搭乗できない、などの規定があるからだ。介助犬が乗っていたら、その飛行機に猫は乗ることができない。1つの航空機に搭乗できるペットの数も限られているので、そこは早い者勝ち、ということになる。

　予約を入れたら、銀行振込、コンビニ払いなどを選び、支払いを保留にしつつ、航空券を押さえる。カスタマーセンターに電話連絡をして、ペットとの搭乗をリクエスト。ペットの種類、ケージのサイズ、ケージとペットの総重量を伝える。リクエストが通ったら、航空券の支払いを済ませる。これで搭乗はOKだ。ペットの搭乗料金は搭乗時にカウンターで支払う。

　各航空会社によって予約の仕方は異なるので要確認。

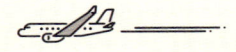

猫アレルギー問題

ペットとの飛行機旅には反対意見もある。反対派の方の多くは猫アレルギーの問題をあげる。くしゃみや鼻水、喘息症状を起こすのだから、猫と一緒に飛行機に乗ることを避けたいという気持ちはよくわかる。

でも、猫アレルギーは猫のフケ、唾液、尿に触れたり、それらがついた毛を大量に吸い込んだ場合に起こるのだから、飛行機内に大量に毛が飛ぶことがない状況では、アレルギー症状が起こる可能性は低い。

コロナ禍に何度もニュースで聞いた話だけれど、機内では上空のきれいな空気が取り込まれ、約3分で空気は全て入れ替わる。さらにその空気は、病院の手術でも使われ、アレルゲン対策に極めて有効と言われるHEPAフィルターを通して供給される。機内は閉鎖空間とはいえ、コロナの感染が少ないのと同様、アレルゲンが発生する可能性はかなり低い。

それでも、猫アレルギーの人にとって、隣に猫がやってきたら、拒否反応を示すのは無理もない。CAの方に相談して座席を変更してもらうなどの対応をするのがおすすめの方法だ。

動物と一緒に同乗できる席は決まっていることが多いので、アレルギーのある方は予約時に食物アレルギー同様、猫アレルギーも申請しておくことをおすすめしたい。

また、隣の人に「猫がいますが、大丈夫ですか?」と聞くのは猫連れとしては守るべき最低限のマナー。誰もが快適に旅を楽しめますように。

動 物 検 疫 準 備

手続きが大変だと言われているが、出国手続きは早めに準備を始めさえすれば、心配することはない。書類には取得するのが難しいものはないし、辛い思いをするようなこともない。クミンは何度か注射をしなくてはならないけれど…。3か月くらい前から準備すれば大丈夫。

マイクロチップ装着証明書、狂犬病抗体検査証明書、健康診断証明書が基本。そこに行き先の国によって入国条件が加わることもあるが、それほど難しいものはない。農林水産省動物検疫所の「ペット輸出入」のページ（https://www.maff.go.jp/aqs/animal/index.html）、入国先の在日大使館で必要な情報を入手する。

私もまずは動物検疫所のHPから情報収集を始めた。ただ、初め

てそれを見ると、少々面食らってしまうかもしれない。何だか大変そうな気がするのは確かだ。でも、大丈夫。手順を踏んでひとつずつ進めていけば難しいことはない。

申請時に求められる情報には、予防注射に関することが多い。製品名や社名、ロットナンバー、有効期限など、日常で使うことのない項目を記入するので、最初は戸惑うかもしれないが、求められる情報は動物病院の証明書に記載されているし、どの証明書もだいたい同じなので、1回やればすぐ慣

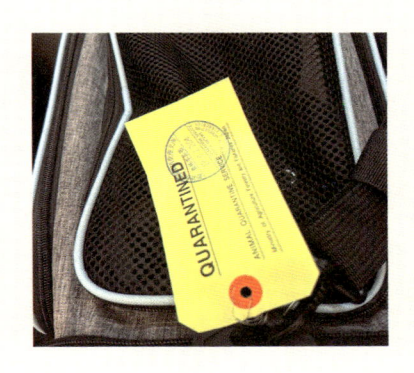

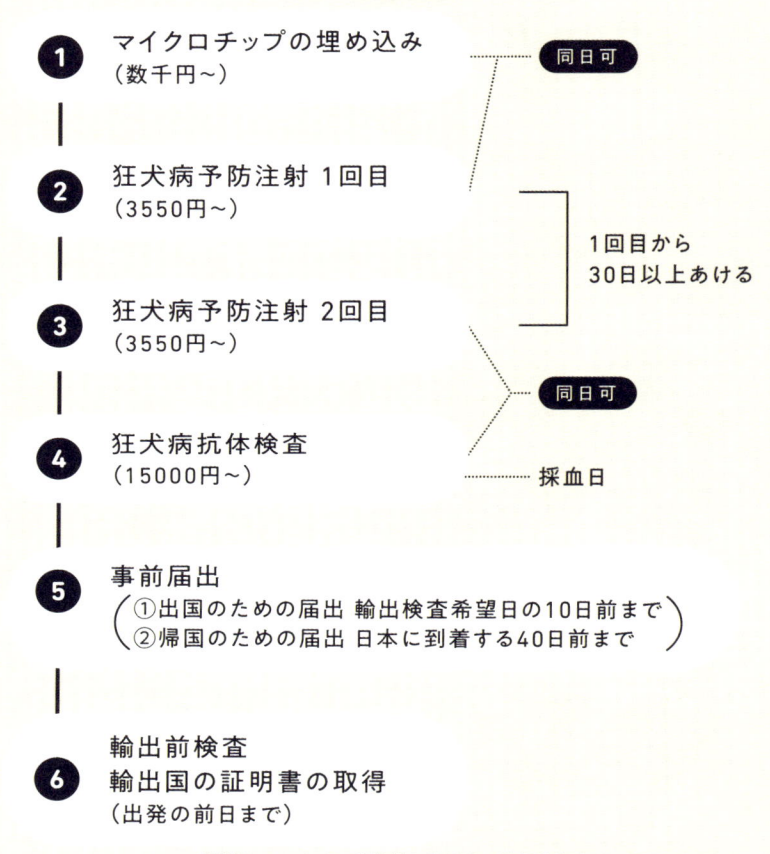

準備の流れ

1 マイクロチップの埋め込み
（数千円～）　…………… 同日可

2 狂犬病予防注射 1回目
（3550円～）

1回目から
30日以上あける

3 狂犬病予防注射 2回目
（3550円～）　…………… 同日可

4 狂犬病抗体検査
（15000円～）　………… 採血日

5 事前届出
（①出国のための届出 輸出検査希望日の10日前まで）
（②帰国のための届出 日本に到着する40日前まで）

6 輸出前検査
輸出国の証明書の取得
（出発の前日まで）

＊ 費用はここに加えて手数料や証明書の発行料などがかかる。
　動物病院は保険制度のない自由診療なので、病院によって金額が異なる。

れる。

　旅行の場合にはこんな感じ。犬も猫もだいたい一緒。海外赴任の方が日本に帰ってくる場合には、抗体検査の後の待機期間が180日あったり、国によっては、ワクチンや寄生虫駆除などの条件が加わることもある。これらの予防注射や検査をしつつ、動物検疫所に輸出検査申請をして、準備を進める。

動 物 病 院

　私の場合はかかりつけの病院に行き、1回目の狂犬病の予防注射を受け、海外渡航の相談をした。「ご協力はしますし、証明書もお出ししますが、抗体検査の機関にはご自分で提出をしてくださいね」

　調べてみると申請は自分でもできる。必要な書類はダウンロードすればいい。ただ、発行してもらった予防接種の証明書は日本語版のみ。あれ？ 製薬会社の社名の記載などもないなあ。いい先生なのだけれど、聞けば動物の海外渡航の経験はあまりないというのだ。

　そこで色々調べ、海外渡航専門外来のある麻布十番犬猫クリニックにたどりついた。今回の渡航先はトルコ経由、そして、滞在先は獣医などいない小さな田舎の村。ひとすじ縄では行かないところが

あり、情報収集にも苦慮していたところだった。

　早速、相談のメールを送ると、それらの質問に丁寧なご返事。病院に行くと、私がこれまで数か月かけて調べた情報やダウンロードした書類などが1冊のファイルにまとめられていて、それを渡してくださった。中には動物検疫所への問い合わせのメールの書き方まであり、その懇切丁寧なことと言ったら感涙もの。狂犬病の検査機関への手配、各種証明書の取得も万全の体制を整えてもらった。手続きの上で何度か心配になるようなこともあったのだけれど「大丈夫。ちゃんと行けるようにします。何かあったら海外からでもいつでも連絡ください」と院長の島田先生はにこやかで心強い。経験豊富な獣医さんにお願いすると、

負担はずっと軽くなる。

聞けば島田先生は多い時には月に20組ほどの犬猫と飼い主を海外に送り出しているという。

「ご自身の手続きも忙しい中、愛犬、愛猫の渡航準備は大変なストレスですよね。それで苦労されている方をたくさん見てきました」

楽しく生きるためにペットと暮らしているのだから、苦労は少ない方がいい。それでも、日本はペットとの旅はもちろん、住まい探しなど、ペットと生きること自体に困難がつきまとう。島田先生はどう感じているのだろう。

「海外ではペットの飼育率が50％を超える国も多くあるのですが、日本は約30％でペットとの暮らしは制限する方向。規制する方が簡単ですからね。でも、30％という数値は高齢者の割合と一緒。もっとペットと自由に暮らせる、旅行できる環境を国が整えていくべき」

日本はペット後進国。これから変わっていくことを切に願っている。

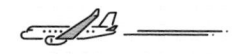

証明書の交付〜出発前日

予防接種など、準備が進んできたら、動物検疫所に輸出検疫証明書の交付を受けるために、事前の届出をインターネット（NACCS）を通して申請をする。それと同時に動物検疫所にメールで出入国の条件について質問をしたり、取得した証明書を送付したりする。

動物検疫所というと、何だか怖そうなイメージを持つかもしれないけれど、警察と同じでこちらが悪いことをしていなければ何も怖くない。「日本の動物検疫所の方達は世界一親切！」と島田先生が言っていたが、私も全く同感。

動物検疫所とは出発までに十数回を超えるメールのやり取りをしたのだけれど、丁寧にご指導いただき、本当に感謝している。準備が進んでくると、次はこれを提出してください、次はこの予約に進んでください、などとメールがくる。こちらの記入に間違いがあるとそれらを正してくれたりと、とても細やか。

確かに日本の動物検疫は厳しい。たぶん、いえ、間違いなく世界一。でも、その厳しさのおかげで日本の検疫をパスすれば世界中スルーできると言っても過言ではない。それに、動物検疫のおかげで日本は数少ない狂犬病の清浄国であるし、動物を介しての病気の侵入は防げているのだ。

送付されるメールの文頭にはいつも「動物検疫に対しご理解ご協力いただきありがとうございます」と書かれているが、そうなのだ。理解して協力しないと。

しかも、いろいろ証明書を作ったり、検査をしてもらうのだが、全て無料。ありがたい、本当に。

さて、いよいよ出発前日、輸出前検査、輸出国の証明書を取得しに空港へ。以前は出発当日が主流だったようだけれど、前日までの検査を推奨されている。10日前までに事前予約をして空港へ行く。検査は管轄の動物検疫所のある空港であれば、出発する空港以外の場所でも受けることができる。私とクミンは成田出発だけれど、検査は羽田で申請。

クミンを連れて、これまでメールで提出した証明書の原本を持ち、いざ羽田へ。空港ビルの隣に動物検疫所のあるビルがある。ここで、マイクロチップの読み取りをし、書類を作成してもらう。検疫済みのタグをケージにつけてもらい、いよいよこれで準備完了!!!

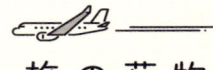

旅 の 荷 物

あれこれと揃えるとどうしても荷物は多くなるけれど、少しでも快適に過ごしてもらうために、しっかり準備。

フードと器

食べ慣れているものを。1食分ずつビニール袋に入れて小分けしておくと便利。おやつも多めに。フード用のボウル、水をあげるための折りたたみのフタつきのカップ。容器は使い慣れたものを。ケージに給水器をつける場合は飲んでくれるかどうか確認を。

トイレ用品

携帯トイレと猫砂、ペットシーツ。携帯トイレは1か月くらい前から事前に練習を。繊細な猫にはいつも使っている猫砂を持参するのが

ベスト。クミンは何でも大丈夫なので、数日分を持参し、あとは現地調達。ネットで調べてあらかじめ選んでおく。ペットシーツは多めに。ちなみに私はペットシーツを、旅先でワインを購入した時の梱包材としても利用している。もしも割れてしまっても、吸水してくれるので安心。その他、砂用のスコップ、使用済みの砂やペットシーツを捨てるためのビニール袋も数枚。

その他

● 爪研ぎ

● 小さめのほうきとちりとりセット

● 毛玉クリーナー

● コロコロ

● お手入れ用ブラシ

● ペット用ウェットティッシュ

● 消臭スプレー

● ハーネスとリード
（普通の長さのものとロングタイプの2種）

● 愛用のブランケットやタオル

● お気に入りのおもちゃ

南仏の美しい村
カブルスピーヌ

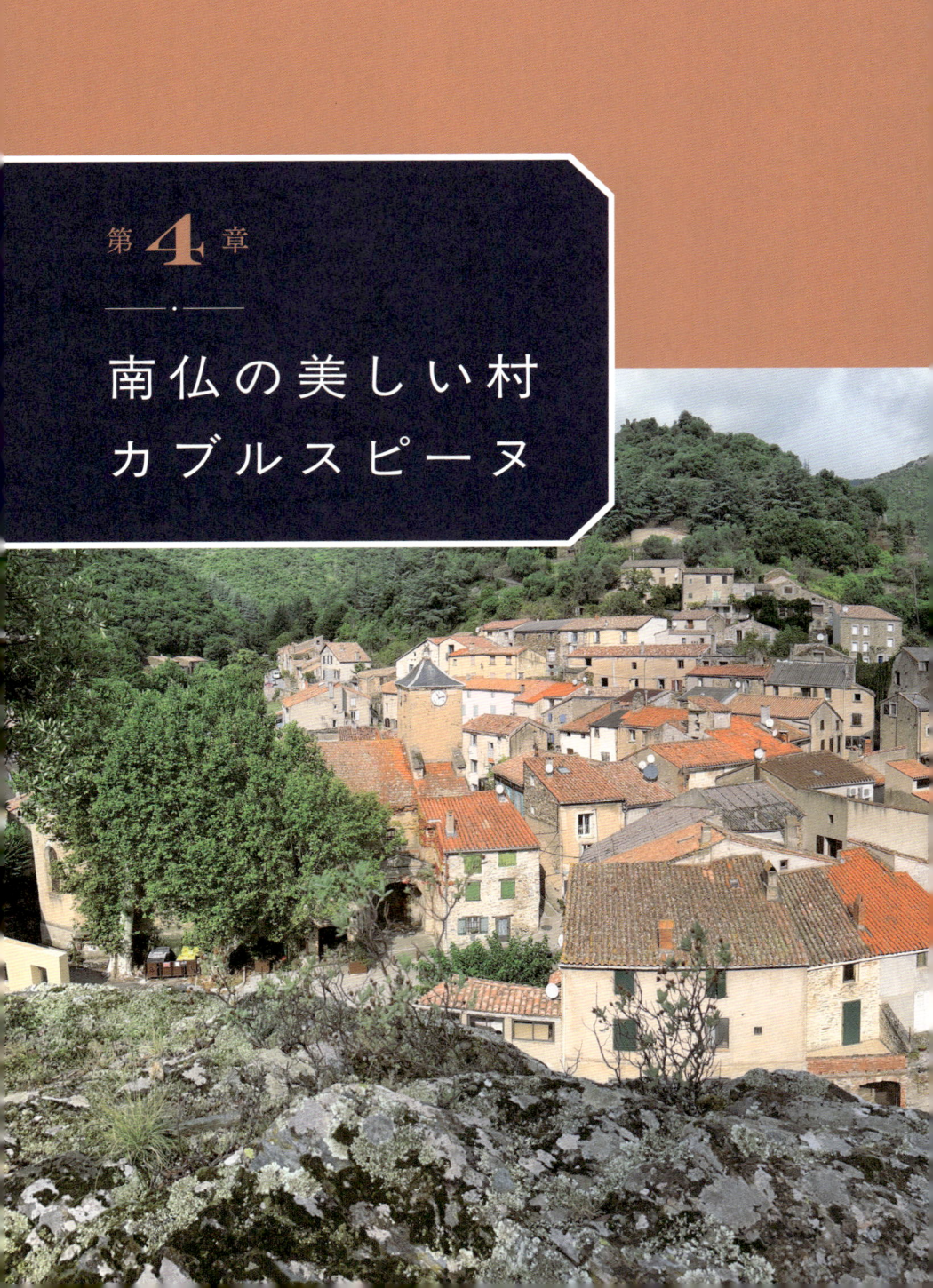

Beau village cabrespine
dans le sud
de la France

de toulouse à

3時間半のフライトでいよいよフランスに到着。クミンが寝ているキャリーバッグは私の膝の上。クミンと一緒に飛行機旅を味わう。クミンはいつも通り落ち着いていて、大感謝。

Arrivé（到着）！ フランスに着いたよ！

予想通り、クミンの入国審査は何もなし。肩すかしの気分だけれど、書類はきちんと揃っているし、出ていいのなら、出させてもらおう。パスポートコントロールを過ぎたら、荷物をピックアップして、出国！

向かうのは空港から車で2時間、目的地のカブルスピーヌ村。カブルスピーヌは南フランスのオクシタニー地方にある小さな村。オクシタニー地方はミディ・ピレネーとラングドックが合併した地域で、カスレやフォアグラ、ラングドックワインなどが名産。カスレとナチュラルワインが好きな私には特別な場所だ。

今回お世話になるシャンブルドットのオーナー、めぐみさんに車で迎えに来てもらっていた。クミンは車の中で早々にくつろぎ始め、車窓からの眺めに夢中

cabreshine

になっている。そうして辿り着いたのは、雄大な山々の眺め、小さな清流が調和した美しい村。今回はクミンとここで3週間お世話になることに。

　カブルスピーヌは自然鉱山があることから中世の時代から栄えていた村。ピレネー山脈をはじめとした美しい山々に囲まれた人口100人ほどのとても小さな村だ。この村にはカフェもなければパン屋さえもない。1軒レストランがあるが、スーパーはもちろん、小さな商店もない。隣の村までは歩いて1時間ほどかかる。

　何もないが、その自然の美しさは素晴らしい。小さな清流沿いにはたくさん実をつけた栗の木が生い茂り、オリーブ畑や羊農家がある。桜の木もあちこちにあり、春にはさくらんぼがたわわに実るとい

　う。そして、魅力的なのはシスト（ワインを勉強するとよく出てくるシスト土壌ですね）という村で採れる石板によってつくられた村の風景だ。300年以上前に建てられたという家々、小道、石垣、階段など全てにこのシストが使われている。どこをどう見渡しても美しいのは、この石によって生み出されている自然の統一感のおかげでもある。

　滞在するシャンブルドットは超古民家だ。建物の一部には1000年を遡る洞窟だった部分も含まれ、壁にはシスト岩石が使われている。書類では300年以上前は辿ることができないが、築500年以上の建物なのかもしれない。

　村を一望できるテラスは4階まであり、まさに夢のよう

第4章　南仏の美しい村 カブルスピーヌ

な眺望だ。ハンモックでのんびりしたり、ワインを飲むのにぴったりなスペースもあり、周囲にはたくさんの花々や草木、ハーブが生い茂っている。ここでクミンとのんびり過ごすことができるなんて、最高過ぎる。

　私の寝室の窓からも青い空と村の山々が見渡せる。緑を眺めることが大好きなクミンならきっと気に入ってくれるはず。

　クミンは家の中をパトロールしたら、ほら、もうお気に入りの場所を見つけたようだ。今日はゆっくり寝て、疲れを取ってね、クミン。

シャンブルドットのこと、めぐみさんのこと

シャンブルドットのオーナーのめぐみさんと知り合ったのは15年以上昔。私がトゥールーズにホームステイをした時にそのコーディネートをしてもらったのが縁だ。めぐみさんは、トゥールーズに18年、その前にはアメリカやイギリスにも住んでいた。ヨガのインストラクターでもある。私と知り合った頃から「もっと田舎で暮らしたいの」とよく口にしていた。田舎といっても、自然の豊かなことは当然のこととして、川が流れていること、丘や坂道があること、そして中途半端な田舎町ではないことなどが、めぐみさんの求める条件だった。そして、そのお眼鏡に叶う

物件にとうとう出会ったのが2022年のこと。この古民家を改装して、シャンブルドットを始めたのだ。離れには2階建ての貸別荘スペースもある。

「工事はもう一生続くかもしれないわね。あちこち直したいところがあるし、家の中にもまだ手付かずの場所もあるの。フランス人は家の工事を業者任

megumi

フランス暮らしが体験できるシャンブルドット　https://www.france-paradis.com/

せにしないで、自分達で直したり、つくったりするのが当たり前なのだけど、この家もそうね。何年かかるかわからないけれどね」

　めぐみさんは、夏にはカブルスピーヌの地元の人のために和食弁当の販売をしたりもしている。そして、フランス政府公認ガイドでもあり、ホームステイプログラムなどのコーディネートをするのが本業だ。ナチュラルな食、暮らしへのこだわりは人一倍。小さな畑で野菜やハーブもつくり始めたという。カブルスピーヌからもめぐみさんからも、私が学ぶことは尽きないはずだ。

cumin à cabres

クミンとカブルスピーヌ村

　初めての海外、長期滞在なのだが、クミンはそんなことはどこ吹く風だ。部屋の窓から村の緑を眺めて過ごしているし、日中は中庭で日向ぼっこ。夜はいつものように私のベッドで一緒に寝てくれる。フランスにあまりにも馴染んでいて、東京に戻れるかなと少し心配になるくらい。

　ある日、カブルスピーヌの散歩道を歩いていると、2匹の黒猫に出会った。村の猫たちは人懐っこい猫が多く、近くに寄ってきてくれる。その傍に飼い主のマダムが微笑んで立っていた。

　「かわいいですね。私も黒猫を飼っていて、一緒に日本から旅してきました」と言うと、「フランス語話せるの？」とびっくりされる（そんな上手くないけどね）。猫と一緒に飛行機旅をしてきたことなど完全にスルー。

　クミンと一緒に旅をしてきたということは、滞在中に何度もいろんな人に話したのだけれど、大して興味は持ってもらえなかった。クミンを見て「かわいいわね」とか「何歳？」と聞かれるぐらいだ。

　「飛行機に一緒に乗れるの？」なんて質問は一度もされることがなかった。

　フランス人にとってはペットと旅をすることはつくづく普通のことなのだ。

　空港でも「猫と一緒なの？」と声をかけてくれる人もいた

が、みなアジア人。イスタンブール空港やシャルル・ド・ゴール空港ではペット連れの人、リードをつけて空港を歩いている犬を何匹も見かけた。

　クミン、私たちがしていることは当たり前のことだったんだね。

les haricots verts

ナディーヌのさやいんげん

　パン屋さえもないこの小さな村でどうやって食材を調達するのか、東京暮らしの私には想像もつかないのが正直なところ。近くのマルシェに行くのにも車で30分以上かかる。

　宿に着いた翌朝に「近所のナディーヌのところで、さやいんげんが収穫されたばかりみたいだから、買いに行こうか」と誘われる。ウィウィ！ 嬉しい！ フランスの野菜の中で愛してやまない野菜のひとつがさやいんげんなのだ。細くてサーベルのようなさやいんげんのゆでたてをヴィネグレットで和えるだけなのだが、おいしいさやいんげんでつくると特別なものになる。フランスに来て、最初につくる料理といえば、さやいんげんのサラダが私の不動の定番だ。しかも、村の収穫したてのものだなんて！

　栗の木の立ち並ぶ清流沿いの道を歩くこと20分。シストの石垣、美しい自然に溢れた道は、こうして歩くだけで心身ともに浄化されていくよう。そうして、ナディーヌの家に到着する。

de nadine

　この日はモロッコいんげんも収穫されたばかり。さやいんげんと合わせて1キロ分けていただく。農家といっても、家庭菜園を少し広くしたぐらいの小さな畑。ナディーヌは仕事をしながら野菜づくりをしていたけれど、退職した今はのんびり農園の仕事をしている。農業で生計を立てているという訳ではなく、ご近所のよしみで分けてもらう、という感じ。

「新鮮なのはもちろんなのだけど、彼女のつくる野菜は最高においしいのよ。できれば、他の野菜を食べたくないくらい」とめぐみさん。ナチュラルな食材には少々うるさいめぐみさんのお墨付きの野菜なのだ。ナディーヌの小さな畑にはトマトやじゃがいも、フェンネルなど、健やかな野菜が風に吹かれている。さあ、家に帰ったらサラダをつくろう。

さやいんげんのサラダ

材料　2人分

さやいんげん　200g
モロッコいんげん　5〜6本
オリーブオイル　大さじ3
ワインヴィネガー　大さじ1
フレンチマスタード　大さじ1/2
塩

1　さやいんげん、モロッコいんげんはヘタをとり、
たっぷりの塩を加えた湯でゆでる。
塩加減はパスタと同じくらいに。ゆで時間は8分程度。
日本のさやいんげんはフランス産に比べて太め。
好みにもよるが、硬めにゆでるとキコキコした食感になる。
少し柔らかめにゆでると甘味が出て、
フランスらしいサラダの味になる。

2　ゆであがったら、ざるに上げて冷ます。
モロッコいんげんは食べやすい長さに切る。

3　ボウルにオリーブオイル、ワインヴィネガー、
フレンチマスタード、塩少々を混ぜ合わせた
ヴィネグレットをつくり、**2**を加えて和える。

mardi et vendredi

火曜日と金曜日はパンの日

　パンはどうしているのか、と聞くと、週に2回隣村のパン屋がカブルスピーヌまで売りに来るという。

「村の人たちはよく購入しているけれど、おいしいかっていうと、全然。フランスだからってパンがおいしいとは限らないですからね」とめぐみさん。

　火曜日の9時前、試しに町の中心部の教会前に行ってみると、人々が集まってきた。おしゃべり好きのフランス人はここで天気の話とか、噂話に花を咲かせる。

「何をそんなに話すことがあるのかと思うけど、立ち話が1時間になるのも、フランス人はざらよね」

　9時になるとクラクションを鳴らしつつ、パン屋の車がやってきた。座席の後部にはバゲット、バタール。助手席にはクロワッサン、パン・オ・ショコラ、パン・オ・レザンなどの朝食定番ヴィエノワズリー（菓子パン）。

　村の人たちは買い物しながら、次の分の注文もしている。覗いてみると、うーん、そうね、正直言ってそんなにおいしそうではないな。まあ、せっかくだから買ってみよう。「ユヌ バゲット シルヴプレ」。バゲット1本1ユーロを買う。おいしいバターをたっぷり塗って、ハムとチーズを挟んだサンドイッチにしようか。

　隣村のパン屋までは車で10分なので、そこに買いに行く人もいるが、よく食べられているのはやっぱり冷凍し

てストックしたパンだ。スーパーには袋入りのパン・ド・ミーやパン・オ・レなど日持ちのするパンも売られている。これもまた、フランスのごく普通の日常のパン。全てがこだわりとは限らない。おいしいパン・ド・カンパーニュがあれば日持ちするのに、なんて思うが、小さな村のごくごく普通のパン屋にはそんなものはないのだ。

「それでもフランス人にとってパンは何より大切。私が村の人たちに餃子（いまや人気の日本食として不動の地位）とごはんをつくった時にも『パンはないのか』と聞かれたこともありました。パンはなくてはならないものなんですね」

めぐみさんはどうしているかというと、トゥールーズや
カルカッソンヌなどの町に行った時に、お気に入りのパン
屋でまとめて買ってくるという。

　「後は自分でつくっちゃう。本当に適当なパンなので、
由希子さんはびっくりするかもしれないけど」

　めぐみさんがつくるパンはオーガニックの古代麦を使っ
てつくるパン・ド・カンパーニュだ。パンはやっぱり粉が
命。古代麦のパンは味わい深く風味がいい。ボウルに古代
麦、塩、イースト、オオバコ（グルテンフリーのパンをつくる
ときにこれを入れると成形しやすくなる）、ぬるま湯を入れてぐ

るぐるっとかき混ぜてまとめるだけ。こねることもしない。はかりも使わずに目分量。そして、天気のいい日に日なたに数時間置いて発酵させたら、オーブンシートを敷き込んだ鍋に入れて、オーブンで焼き上げる。

究極にシンプルなつくり方なのだけれど、だからこそ気負わずにできる。しかも、1週間ほど日持ちがするし、何より噛み締めるとおいしい飽きのこないパンだ。私は滞在中、ほぼ毎日、このめぐみパンを食べていた。

フランスだからといって、パンがおいしいとは限らない。手に入りにくいものがあるのも、ごく当たり前のことだ。まずは少しずつ、そんな暮らしに慣れていってみよう。

agneau du village

　ある日「羊もらってきました！」とめぐみさんが羊肉を持って帰ってきた。村には羊農家があるのだけれど、残念ながら私が滞在していたのはちょうど販売できる肉のない時期だった。

「タイミングが合えば、内臓や肉、合わせて5キロくらいの単位で分けてもらえるのだけれど」

　仕方がないと諦めていたら、ご近所の方からジゴーダニョー（骨つきもも肉）のスライスを分けてもらってきてくれた。さすが！

　村の食材調達には、人のつながりが欠かせない。めぐみさんが買い物に出かける時はついでにお願いと頼まれたり、和食をつくった時は村の人たちにお裾分けを持っていく。それが彼女の日常だ。収穫したての野菜や果物、手づくりジャムが彼女のキッチンにいつもあるのはそういうわけなのだ。

　フランスで肉料理のごちそうといえば必ずあがるのが、ジゴーダニョー。仔羊の後ろ足を1本、丸ごと焼き上げる料理だ。中でも乳飲み仔羊の肉はなんともいえないミルクの味がし、足の先まで柔らかい。肉の臭味などとは無縁の素晴らしい肉だ。

　さて、おいしい羊肉はシンプルに食べたい。塩をふって焼いたら、付け合わせは白いんげん豆。この地方はタルベ

et haricots blancs frais

という品種の白いんげん豆の産地でもある。皮は薄く、火を入れるとしっとり柔らかい特別な品種だ。日本で買うこともできるが、キロあたり8000円もする。フランスでもかなりの値段のする高級品種なのだが、この味を知ってしまったら、後戻りはできない。

　そして、フランスでは夏の終わりから秋の始めのほんの一瞬、乾燥させる前の白いんげん豆が手に入る。これも私

にとって、目がない食材のひとつ。さやをむくとつるりとした白いんげん豆が顔を出す。浸水する必要もなく、すぐにゆで上がる。いつものほっくりとしたいんげん豆の味に、少しだけ生の風味が加わった味。知っているのに知らない豆の味。こういう味に出会うために旅をしているとさえ思う。カスレもこの豆でつくると最高なのだ。一度だけつくったことがあるが、これは私の最高傑作カスレだ。

　この季節にしか味わえない豆とこの村でしか味わえない羊肉。今夜も最高の食卓だ。

Le Clos des Jarres

まず最初に訪れたワイナリーはカルカッソンヌから
20キロ。パリでも注目されているという
若手醸造家が手がけるワイン。

ワイナリー巡り

シュッド・ウエスト＆ラングドック地方はナチュラルワインのメッカ。車を少し走らせるだけで数多くの魅惑的なワイナリーに出会える。

アルザスでビオ栽培の経験を積み、ミネルヴォワ地区で2010年に醸造家ヴィヴィアンが立ち上げた小さな醸造所クロ・デ・ジャール。濃厚過ぎるワインが好きではないという彼がつくるワインは酸味と果実味が心地よい。カリニャン、グルナッシュ、シラーなど南仏の赤の他、ロゼ、白も試飲する。数本のワインを購入。近くにワインショップはないけれど、直接ワイナリーに行って購入することができる贅沢な日々。

Les Clos des Pères

フランスに着いた初日に飲んだワインが
このワイナリーのもの。しなやかでナチュラルな風味が
すっかり気に入り、さっそく訪問！

アンヌとジュリアンによる小さな醸造所。このあたりの区画はジュリアンの父、祖父、曾祖父のものだったそう。そして、今では彼らが引き継ぎ、手作業にこだわるワインを手がけるように。ミネルヴォワは濃厚でスパイシーなワインが多いけれど、ここのワインはしなやかさが魅力。羊肉や鴨のコンフィに合わせて堪能。

オクシタニー地方には広大なワイン産地が広がっている。フランスの全ぶどうの1／3が植わっていると言われている。どこまでも続くぶどう畑の景色の中をドライブすると、南フランスを旅しているのだなあ、と実感する。デイリーワインが多い地域ではあったが、小規模生産者や若手の世代が高品質なワイン、ナチュラルワインを手がけるようになり、存在感を増している。

73

Château Coupe Roses

400年以上前に創業した家族経営のドメーヌ。
自然と真摯に向き合ったワインを手かける。

「ワインは畑でつくられる」の考えのもと、ビオディナミ農法により手間を惜しまない畑仕事を実践。畑は南フランスらしいガリーグというハーブの森に囲まれている。そのためかワインはハーブを感じるような味わいで、きめ細かく繊細な印象だ。9月の上旬はワイナリーの繁忙期なのだが、快く受け入れてもらい訪問。家族で営むワイナリーだが、今は息子のマティアスと娘のサラがメイン。この季節の訪問の楽しみは仕込み立てのワインを樽から試飲すること。まだジュースのようなものから、ピチピチ発泡したものまでそのフレッシュな味は格別。たっぷり試飲させてもらいすっかり酔っ払いに。

第4章　南仏の美しい村　カブルスピーヌ

75

l'oliveraie de

　カブルスピーヌの村のふもとには、オリーブ畑が広がっている。今日はこの地で20年オリーブを育てているという、サンドラに畑を案内してもらう。

　ピレネー山脈を向こうに眺めることができる日当たりのいい、風が心地よく通り抜ける畑には、250本のオリーブが植えられている。雑草は地元の羊農家の羊に食べてもらうという自然農法だ。

　彼女のオリーブオイルは村の予約販売だけで完売してしまう人気の品だ。以前はワイナリーの仕事をしていたというサンドラはオリーブ栽培については全くの素人だったそうだけれど、この畑を見て、ひと目で決断したという。「昔はこの村にもたくさんのオリーブ農家があったのですが、現在はずい分少なくなってしまいました。昔ながらの村の生活は、野菜を育て、各家が豚を飼い、時期がくれば潰してパテやブーダン（血でつくるソーセージ）、保存食などをつくる自給自足が当たり前でした。今ではそうした暮らしが失われてしまっています。オリーブ畑の仕事は剪定をしたり、重労働も多いし、気候や虫の被害など、いつも自然に左右される。でも、昔ながらのこの畑仕事は私の人生にとってパッションなの」と力強く語ってくれる。

　畑仕事はたった一人で全てこなしているが、収穫だけは別。それは村の人たちが集まる特別な時間だ。

sandra

「昨年の収穫の時には、羊のソーセージを焼いたり、クスクスをつくったり。ギターを弾いて、踊って、飲んで…。いつになったら収穫が始まるのか、という感じでしたね。今度手伝いにきてね」

　オリーブの収穫パーティーもぜひ参加したいが、もうひとつ気になるのが、サンドラのオリーブ畑の隣、トリュフ畑だ。

「寒い時にきてね。トリュフが一番香り高いのは1月〜2月。12月のクリスマスシーズンではダメなのよ。寒さを

しのぐことでトリュフは香りがぐんと豊かになるの」

　カブルスピーヌのオリーブオイルとトリュフ！ 垂涎ものの組み合わせだ。サンドラのおすすめレシピは？

「トリュフは加熱しないで食べてもらいたいの。シンプルな料理がいいわね。そうね、例えば薄くスライスしてゆでたじゃがいもにオリーブオイルと塩をかけて、そこにトリュフを削って散らしたものなんてどう？ シャルドネと一緒に味わってみて」

　うーん、ça a l'air très bon（おいしそう）！

l'escargots de

マリオのエスカルゴ

「エスカルゴの養殖を始めた人がいるのだけど、興味ある？」とめぐみさん。エスカルゴというと、にんにくパセリバターで焼いたブルゴーニュ風が定番。ブルゴーニュ産が有名だが、この村でも養殖されているなんて。

エスカルゴはフランスの食卓には欠かせないが、自然環境の変化や農地の開発のために、純フランス産はどんどん減少し、現在ではわずか2パーセント程度。ほとんどは東欧産に頼っているという。

「小さい頃から家族と一緒にエスカルゴを食べてきたのは大切な思い出。畑でエスカルゴを焼いて食べたりね。祖父や祖母と一緒にエスカルゴのある食卓を囲んできたから、フランス産が減っているのはすごく残念なこと。今は別の仕事をしているけれど、自然と触れ合う仕事もしたい。エスカルゴ養殖はシンプルな設備でいいし、ぶどう畑も特に必要ないんだよ。副業にはちょうどいいから、トライしてみることにしたんだ」

養殖するのは畑にある木箱の中。そこにエスカルゴの好きな草や飼料を入れて4～5か月成長させる。その後絶食させて、体内の毒素を排出させる。

「この地域ではカタルーニャ風の煮込みにして食べるのが一般的なんだ。ちょっと食べてみる？」

マリオのお母さんがつくったという料理を試食させてい

mario

ただく。ゆでたエスカルゴと、にんにく、トマト、チョリソーなどでつくったソースを、1時間ほど弱火で煮込んだレシピだ。

　フォークでくるりと取り出し、ソースと一緒にぱくり。

　これまでに食べたことのあるエスカルゴとは全く違う食感。つぶ貝のようにコリコリ硬いのがエスカルゴと思っていたけれど、柔らかいお肉のようなふっくらとした食感。内臓部分まで全て食べられるので、部位によって食感や味わいもさまざま。そして、海の生物ではない、山の生物という風味がある。

　通常、エスカルゴ料理は缶詰のものを調理する。まずは、ヴィネガーや香草を入れて下ゆでするのが一般的だけど、

生のエスカルゴは臭みもないのでお湯でゆでるだけでいい
そうだ。

「わさび醤油で食べてもおいしいかもね」と言うと、

「もちろんだよ。お寿司にしたっていいんじゃないの」と
マリオ。

　お寿司案はさすがにそそられないが、エスカルゴバター
で料理するだけじゃつまらない。よく水洗いをしたら、ま
ずはお湯に入れてゆでる。ゆでていると、この香りは何だ
ろう。知っている香りなのだけど…。あ、ごぼうだ！　ご
ぼうの香りにそっくりな土の香りがする。

　まずはゆでたての熱々をレモンと塩で食べてみる。うー
ん、まだちょっとぬめりがあるけど、くさみもえぐみもな

い。見た目で連想するような磯の香りもないし、山の貝という表現がしっくりくる。

　オレンジワインを合わせたら、ほんのりとした苦味が味を引き立ててくれて、なかなかなペアリング。

　教えてもらったカタルーニャ風もつくってみよう。唐辛子を少し多めに入れて、ピリッとした味に。いくら煮込んでも柔らかくて、これまで食べてきたエスカルゴとは別物。残りはパスタにしてみたけれど、これもなかなか。

　やっぱりブルゴーニュ風も外せない。バターにニンニク、エシャロット、パセリとシブレットを加え混ぜて、焼き上げる。定番のおいしさだけれど、エスカルゴのぷっくり具合はいつも食べているものの3倍、といったところ。

　今夜もあっという間にワインが空いていく。

confiture de

ミラベルのジャム

　週末はマルシェに。村にはマルシェがないので、ドライブがてら近くのオロンザックという村のマルシェに行く。町の歩道沿いにある青空市場だ。出店は80軒程度。天気のいい日の青空市は気持ちがいい。散歩がてら買い物をしよう。

　白いんげん豆、放し飼いの鶏卵、シェーブルチーズ、近所の生産者のワイン、豚肉などを買う。そしてこの日の目当てのひとつ、ミラベル。黄色くて小さなすももの一種なのだけれど、8月〜9月初旬のほんの一瞬しか手に入らない果物で、タルトやオードヴィーにも使われる、フランス人にこよなく愛されている果物。私はフランスのすもも、とりわけミラベルが大好きだけど、もう何年も食べていない。この時期のフランス滞在は久しぶりなので、食べられたらいいなと思っていたもののひとつだ。

　今年の夏、カブルスピーヌ村でもたくさん収穫されたそうだけど、残念なことに少し前に季節が終わってしまったところだそうだ。

　売っているところがないかなあと思ってマルシェの店先をのぞいていると1軒だけ売っていた。旬の短いものは出会いもの、早速購入する。

　まずはフレッシュなミラベルをそのままいくつか食べたら、残りはジャムに。おいしいすももは簡単にジャムがで

mirabelles

4章　南仏の美しい村　カブルスピーヌ

きるけれど、ミラベルのジャムは格別。

　今日は少し緩めにつくり、マルシェで買った豚肉とセップ茸のローストに添えてみる。豚肉のソースとミラベルの甘酸っぱい酸味は相性がいい。マルシェの帰りに寄ったワイナリーで買ったオレンジワインと一緒に今日も幸せな食卓。

ミラベルのジャム

材料　作りやすい分量

ミラベル　500g（または杏やすももなどでも）
グラニュー糖　250g

1　ミラベルはへたを取り、半分に切り、種を取り除く。

2　厚手のほうろうの鍋に**1**と
　　グラニュー糖を入れてよくかき混ぜる。

3　弱火にかけてゆっくりとグラニュー糖を溶かしていく。

4　アクを取り除きながら、
　　弱火でゆっくり15〜20分を目安に煮詰めていく。
　　時々かき混ぜる。とろみがついたら火を止める。
　　冷めると固くなるので、やや緩めに仕上げる。
　　清潔な瓶に熱いジャムを入れる。

いちじくでアペリティフ

　フランスのフルーツはたいてい日本のものより小ぶり。いちじくも例外ではなく、小さくて緻密だ。ひと箱購入したら、そのまま食べるだけでなく、肉のソースや付け合わせに。シェーブルチーズと一緒に焼いてタルティーヌにしたりと、あれこれ楽しむ。

　今日は散歩の途中でいちじくの葉っぱを数枚いただいた。自然豊かな村では散歩しながらハーブを摘んだり、食べられるものを探すのも楽しみのひとつで、滞在中きのこ採りにも出かけた。残念ながら今年は雨が少なくて、4時間も歩いたのに収穫ゼロだったけれど、久しぶりの山登りは心地よくて、自然とたっぷりと触れ合えた貴重な時間だった。日々の散歩では、道端にたくさん生えているタイムやローズマリー、セージ、フェンネルの花、ジュニパーベリーの実を摘んだりして、その日の料理に使う。

　今日はいちじくの葉っぱを使ったお酒のレシピ。これは日本でも簡単につくれるのでぜひ。葉っぱから、まさにいちじく！ という甘い風味が出る。実を入れると濁ってしまうが、葉っぱだけなのに果実と同じ風味がお酒に抽出される。ほんのり甘く、葉っぱの青い風味も加わって、最高のアペリティフに。氷を入れて炭酸で割るだけ。飲む時にいちじくの実を刻んで入れてもいい。

　葉っぱを使った豚肉料理もいい。葉の上に肉をのせて蒸したり焼いたりするだけで、いちじくの風味の料理になる。

　身近にあるもの、摘んだもので料理をすると、それだけで豊かな気持ちになれる。村の自然の恵みを享受できることを実感できるのは、それだけで嬉しい。いちじくの香りに包まれて、ふっと疲れた体が軽くなるようだ。

いちじくのお酒

ウォッカにいちじくの葉を1〜2枚と
あればジュニパーベリーを3〜4粒入れる。
2日ほどおくと飲み頃。ロックまたはソーダ割で。

miel de châtaignier

　村の散歩道にはたくさんの栗の木が植えられている。村では栗のはちみつもつくられている。栗のはちみつというと、はちみつの中でもかなり癖の強いものだ。

　色も香りも強いので、使い方を選ぶ。マドレーヌなどの焼き菓子に加えたりしてその強い風味を生かすレシピならいいのだけれど、そのまま食べるのは私も少々苦手。それでもめぐみさんが「アランの栗のはちみつを食べたら、他のはちみつは食べられなくなっちゃいますよ」と言うので一口食べてみる。

　あれ？ 私の知っている栗のはちみつとは全く別物。癖が強い、香りが強いということは全くなく、茶褐色で、まろやかで奥深い風味。ほんのりとした香ばしさはあるけれど、苦味や臭みなどはない。こんな栗のはちみつがあったなんて。これならパンやチーズにたっぷりとつけて食べたくなる。

　村の外れまで行くと、そこはアランの養蜂場だ。なだらかな丘にはたくさんの栗の木が植えられていて、中には樹齢300年を越すものまである。色とりどりの養蜂箱にはミツバチがびっしり。アランはワイナリーの仕事をしていたが、退職後、長年の夢だった養蜂を始めたのだという。ここカブルスピーヌで農業をしている人は、生計を立てるためというよりはリタイア後に趣味や自分の夢を叶えるた

d'aran

めにやっている人が多い。

　私が訪れた時はまだ栗の実が青々とした時期。栗の収穫期になると、人々は暖炉で焼いた焼き栗や自家製マロンペーストなどを楽しんでいるという。また違う季節に訪れることができたらいいな。

apéro en terrasse

フランス滞在中、ほぼ毎日のようにしていたのがテラスでの食事。朝ごはん、昼ごはん、アペロ。村の美しい眺めの中で食事をしたり、お日様の下でワインを飲んでいると、ただそれだけで人生は美しいと思えてくるから不思議だ。崖を利用したつくりになっている家にはテラスが4つもあるので、ついつい外に行きたくなる。村の人ともそろそろ顔なじみになってきたので、家の前のテラスでボンジュールと道ゆく人に挨拶しながらアペロの時間。

　天気のいい日はクミンを抱っこしながら、上のテラスま

avec cumin

で石の階段を上がっていく。すっかりカブルスピーヌにも慣れ、見慣れた風景になってきたはずだけれど、テラスに来るとまた眺めが違う。クミンも興味津々だ。

　今日も空と緑が美しい。私はここに来て、たくさんのことを得ることができたし、手放すこともできた。フランスの食、農業、それを支える人たちの情熱は素晴らしいし、改めて食の素晴らしさを心の底から体感できた。

　フランスの物価の高騰はかなりのものだけれど、豊かさはお金とは無関係なところにある。カブルスピーヌの村も

日本同様、高齢化社会で、リタイアした人たちが中心だ。それでも人々は毎日、食事の時間を楽しみ、バカンスを何よりも大切にし、そして、何歳になっても恋愛至上主義だ。恐れ入る。

　クミンはここにきて、何を思ったのだろう。私のわがままにつきあってくれて、一緒に旅をしてくれてありがとう、クミン。

南フランスで出会った食

採れたての野菜やハーブ、村の羊肉やジビエ、マルシェで買う季節の食材、名物のカスレや地元のとっておきのレストランetc

1日々の食事はこんな感じ。主役は村の野菜をたっぷり使った料理。2めぐみさん手づくりのフォアグラのテリーヌ。鮮度のよいフォアグラでつくったものはまるで別物。3日本ではなかなか食べられなくなったタルタルステーキ。野菜とハーブをたっぷり使ってアレンジ。4出かけた村のカフェで。定番の山羊チーズのサラダでひと息。5村の狩猟の達人のムッシューが仕留めた猪をマダムが煮込んだドーブ（赤ワイン煮）。これぞフランス料理! 6カルカッソンヌにはたくさんのカスレの店が。街の中心部にあるガストロノミックなビストロ「Chez Christine」にて堪能。7シャルキュトリーの盛り合わせ。人気店のセレクトは味のレベルが格段に違う。ワインが進んで困る味。8一口食べて目を見張るようなおいしさだったりんご。フランスにいるとりんごを齧る喜びがある。9海辺の街ナルボンヌのマルシェへ。地元産のチーズを中心にあれこれ購入。10仔牛肉もフランスで食べたいもののひとつ（そんなものばっかりだけど）。その夜はいちじくソースの料理に。11ラングドックの肉屋では容器入りでカスレが売られていることも。12マルシェ内の人気の肉レストラン。活気溢れる雰囲気の中で食べるステーキは最高。

第4章　南仏の美しい村 カブルスピーヌ

13 ジロール茸とマッシュルームのソテー。エシャロットとパセリを加えて炒めるだけで極上のひと皿。**14** この日に購入したジロール茸。セップ茸のシーズンはまだ少し先のよう。**15** テラスでソーラークッキングにチャレンジ。村の羊肉、レンズ豆、にんじん、玉ねぎ、さやいんげんと少量の水を鍋にセット。**16** 4階のテラスで鏡張りの装置の中にセット。陽が当たるように2時間置きに向きを調整。**17** ソーラークッキング専用の鍋。**18** 8時間後、完成！羊肉はとろけるようなおいしさ。

19夏野菜を使ったサラダ。摘んできたフェンネルの花を散らすだけで、印象も味もがらりと変わる。20専門店で購入した放し飼いで育てられた丸鶏。厚手のココットに入れてオーブン焼きに。翌日はこの骨でリゾットにするのがまた楽しみ。21アンディーブとジャンボンブラン（ロースハム）。サンドイッチにも欠かせない。22ハーブは毎日の生活の必需品。23手づくり鴨コンフィは絶品。鴨の脂で炒めるじゃがいもの付け合わせは必須。24クミンも匂いにつられてやってきた。鴨脂が気になるよう。

第４章　南仏の美しい村 カブリエス

24 ワイナリー訪問の途中に立ち寄った小さな村の
レストラン「Cuisine Garrigue」。こんなところに
レストランがあるの？ と思いきや、平日のお昼なの
にあっという間に満席に。前菜はビーツとシェーブ
ルチーズのタルティーヌ。**25** 前菜、メイン、デザート
のそれぞれに4種類以上のチョイスがあるメニュー
は毎日更新しているのだとか。海辺のナルボンヌの
市場で材料を調達しているそうで、魚メニューも豊
富。**26** メインはブランダッド（干し鱈とじゃがいもの
郷土料理）、デザートはリオレ（米のミルク煮）。大
満足！

27 カルカッソンヌにあるミシュラン2つ星「La
Table de Franck Putelat」。中世の城壁の
ふもと、緑の環境の中、ジュラ地方出身の
独創的で心地のよいシェフの料理が楽しめる
（ペット可！）。アミューズから楽しさ全開の
コース。この日は魚介料理の趣向を凝らした
アミューズが4種。メインは鴨をチョイス。圧
巻の迫力と隅々まで行き届いた鴨を味わい
尽くすひと皿。2つ星だというのにランチに
は60€〜というリーズナブルなメニューまで！
南仏に来たら足を伸ばす価値あり。

28パン屋も商店もないカブルスピーヌになんとpop upレストランが！初夏から秋の期間限定営業。村人や観光客で連日大盛況。ミネルヴォワのナチュラルワインを楽しめる。29教会に隣接した庭で野菜やハーブを栽培。30メインは仔豚のグリエとニョッキ。31自家製パンのタルティーヌ。きゅうりをフレッシュチーズで和え、カラントとハーブを散らした爽やかな味。32デザートはいちじくのロティにカリカリのクランブルとマスカルポーネ。どのお皿もtrès bon!

第4章 南仏の美しい村 カブルスピーヌ

ギャンゲット

「酒場」を意味する言葉だが、近年、人気復活。郊外の河沿いや広場、ワイナリーなどの屋外で初夏〜秋に限定で開催されるワインバーやビストロだ。

古くは、ルノワールの絵画に描かれているような歌ったり踊ったりして楽しむ酒場として知られているギャンゲット。ラングドックにはさまざまなスタイルで存在し、幅広い世代に人気。コロナ禍を経て、解放感のある屋外型のバーがまた人気となったそうだ。この日は緑豊かな自然の中、ステーキをメインに近くのワイナリーのワインで乾杯！　緑溢れる爽やかな空間の中、おしゃべりもワインも止まらない。

カブルスピーヌの猫たち

caro et trois chats

　カブルスピーヌの村のはずれに住むキャロリーヌに会いに出かける。彼女は猫３匹と一緒に森の中にある家に暮らすアーティストだ。

　小川に沿って、カブルスピーヌの美しい自然の中を歩いて行くと、森に囲まれた花々の咲く美しい庭に到着する。ここがキャロリーヌの家だ。玄関では猫のイロ、レリ、ミラのイラスト付きの表札がお出迎えしてくれる。

　ボンジュール、キャロ！　絵やオブジェなど彼女の作品に溢れた室内で３匹の猫たちともご対面。キャロはカブルスピーヌに暮らし始めて４年。その前はタヒチで15年間、

2匹の猫と暮らしたこともあるそうだ。

「人生はいつも猫と一緒。猫のいない生活なんて考えられないわ」

イロはリビアヤマネコ。ちょっと臆病だけれど、甘ったれ。ベンガルのレリはエレガントな佇まい、目を患っていて視力が弱い。キャロはどうしてもレリの面倒を見ることが多くなってしまうので、他の猫たちに焼きもちを焼かれてしまうこともあるそうだ。保護猫だったミラはやんちゃで活動的。

「ミラは外で遊び回るのが大好き。森の中で思いっきり遊ばせてあげられる環境で一緒に暮らすことが私の願いでした。ここには広い森があり、美しい空がある。車も少な

い、猫にとっても、私にとっても理想の環境ですね」

　キャロの庭づくりは猫のための視点がそこかしこに。水遊びが好きなミラのために池を。目が悪いレリのために、起伏の激しい道を平らに整えた。3匹それぞれにお気に入りの草があり、それらも庭に植えた。

「薪を割っていると、ミラが近くを転げ回って遊ぶの。かけがえのない幸せを感じる時間ですね」

　この広く美しい庭をたった一人で整備したその腕を買われ、カブルスピーヌの村長に村の園芸部で働いてほしいと頼まれて、今は週に3日働いているそうだ。

「仕事をするのは3日だけ。それで十分。それ以上働くと

第５章　カブルスピーヌの猫たち

猫といる時間がなくなってしまうでしょう」

　カブルスピーヌの村を歩くと、その歩道には手入れの行き届いた花々や木々と共に、キャロのつくったオブジェも飾られている。

「猫と同じくらい雪豹も好き。群れをなさず、他の動物と接触しないように暮らす孤高の動物です。その暮らしぶりはとても静かで穏やか。実は私は人間社会があまり好きではないの。動物から学ぶことはとても多いですね。猫と自然とどうやって共存していくか。社会とどう関わっていくか。そんなことを考えながら、猫とこの村で暮らしています」

élisabeth et pierre

　村を歩いていると、猫たちがのんびりと佇んだり、散歩しているところに出会う。そのほとんどは村人に飼われている猫だ。ある日、村の保護猫活動をし続けてきたというエリザベットとピエールのご夫婦にお会いした。

　二人はこの地で長年経営してきたシャンブルドットを閉じたばかり。5匹の猫と暮らしているというので猫の話を聞きたいと言うと、「じゃあ、明日の夜にアペロに来ない？」と嬉しいお誘い。こういうところがフランス人の本当に素敵なところ。

　手土産に何か料理をつくって行こう。何をつくろうか、あれこれ考え、シンプルなちらし寿司を持っていくことに。ホワイトバルサミコ酢をすし酢代わりに使うお寿司は私の定番。フランスで手に入る材料でつくることができるし、甘過ぎず、ワインにも合うお寿司になる。

　フランスでは巻きと握りしか知られていないので、華やかなちらし寿司は新鮮に映るようで、なかなか良い反応。アペロなので、あまり大袈裟にせず、小さめのボウルでおつまみらしく。ロゼワインと一緒に持っていく。

　エリザベットはピストゥやシェーブルチーズを乗せたカナッペ、サラミやナッツなどを用意してくれている。ピストゥはバジル、ニンニク、チーズ、オリーブオイルをペーストにしたもの。ハーブの香りが鮮烈でとてもおいしい。

さてさて、お二人の猫のストーリーを。

エリザベットはもともと1匹の猫を飼っていたのだけれど、この村に来たら猫だらけ。カブルスピーヌには昔、たくさんの野良猫が住んでいて、剥き出しの崖っぷちの上で怖がっている子猫、古い空き家に住みついてお腹をすかせている猫を見かけることも多かったという。

そんなある日のこと。村の猫が4匹の生まれたての子猫をエリザベットとピエールの家に連れてきて、置いていったという。ここなら大丈夫、という母猫の直感なのだろう。エリザベットはその子猫たちの不妊手術をし、その後飼い主を探したというが、その半年後にまた4匹の猫を連れた母猫が…。

そんなわけで5匹の猫を飼うことにしたけれど、二人で

は面倒を見切れない猫たちが村にはまだまだたくさんいる。それがエリザベットの活動の始まり。村の人たち数人と一緒に野良猫たちに避妊・去勢を施すボランティアを続けてきた。もちろん、行政はそのサポートをしてくれる。

そうしてカブルスピーヌは、のんびりと平和そうに猫が暮らす村に。

「人間は動物と一緒に暮らす権利があります。これはヨーロッパでは当たり前のこと。でもそのためには、私たちも環境を整えていかないとね」

エリザベットの家の猫たちは人見知り。シャイな猫たちは、私たちが家にお邪魔すると、家の中をぴゅーっと飛び出しどこかに行ってしまった。

「猫は外に遊びに行かないとね」とエリザベット。

「猫たちはエリザベットにべったりなんだよ」とピエール。

カブルスピーヌの猫たちは本当に幸せそうだ。

ホワイトバルサミコ酢のちらし寿司

材料（2〜3人分）

米　2合	**a**　ホワイトバルサミコ酢
サーモン　200g	大さじ3　塩小さじ1
海老　6尾	**b**　ホワイトバルサミコ酢
卵　1個	大さじ1　塩少々
さやいんげん　5本	
アボカド　1個	サラダオイル、塩、砂糖　少々
トマト　1/2個	ガリ、ライム　適量
卵　1個	

1　米は硬めに炊く。フランスでも日本の米は手に入るが、
フランス産の米を使うならば、カマルグ（塩の産地
としても有名）の米がおすすめ。**a**は混ぜ合わせておく。

2　大きなボウル（大きめのバットなどでも）に炊き上がった
米を入れ、**a**を加えて切るように混ぜて、手早く冷ます。

3　海老は背わたをとり、塩ゆでする。**b**に浸けて
下味をつける。さやいんげんはへたをとり、塩ゆでし、
斜めに切る。アボカド、トマトは角切りにする。

4　卵を溶きほぐし、砂糖、塩少々を加えて、フライパンに
オイルを熱し、薄焼き卵をつくり、細切りにする。

5　器に酢飯を盛り、具材を彩りよく散らす。
ガリ（フランスでも比較的手に入りやすい。フランス人はガリ大好き）と
ライムを添える。醤油、わさびを添えていただく。

南仏で出会った猫たち

きらきらとゆらめく太陽の光を受け気ままに闊歩している猫たち。
猫はいつだって自分のお気に入りの場所を見つけるが、
南仏の猫たちはこの美しい自然の中に
どれだけ多くのテリトリーを持っているのだろうか。

イギリス人夫妻の別荘の猫。夫妻はイギリスに住んでいるので、飼い猫とは少し違うが、面倒をみてもらっている。夫婦は頻繁に村にやってきて、家のリフォームをしたり、のんびりと村の暮らしを楽しんでいる。先日、通りがかった時には建物に猫の出入り口を増設しているところだった。

この猫は以前、フランス人の若いカップルに飼われていたのだが、男性が家を出て行き、そして女性が子供を連れて出て行き、猫は置き去りにされてしまった。

猫はその後しばらくして、夫妻の家に遊びに来るようになり、彼らは病院に連れて行き去勢手術を施した。

「捨てられた直後は、性格がずい分荒くなっていました。去勢をすることで他の猫との争いなどが少なくなります。トラブルが減るように、私たちがいない時でもこの村で生きやすい環境をつくってあげたいの」

そして、今、猫は穏やかな顔をして村で暮らしている。夫妻はそれをいつも見守っている。

appeler un chat un chat
「猫を猫と呼ぶ」というフランス語のことわざがある。それは「ありのままを言うこと」を意味する。

猫は鳴いているようなのに声が聞こえない「サイレントニャー」を時にする。「愛してほしい」「もっと構ってほしい」ということをなかなか声に出せないのは人と同様なのかもしれない。

C'est l'esprit familier du lieu
Il juge, il préside, il inspire
Toutes choses dans son empire
Peut-être est-il fée, est-il dieu ?

その子は、この場所にいつもいる精霊
裁きを行い、支配し、命を吹き込む
帝国の全てのものに
妖精なのか、神なのか

―――シャルル・ボードレール

村の石畳、建物は500年、1000年前のものとも言われている。何世代もの間、それは守られ、
受け継がれてきた。時間にしか生み出すことのできない価値や風景、それがフランスにはある。
南仏の猫たちはそこを誰よりも気ままに闊歩する。気高き猫たちよ！

南仏の猫は飼い猫であっても毎日多くの時間を好きな場所で過ごす。城壁の上、市庁舎の前、眩い光の降り注ぐ森の中、村を見渡せる屋根の上、オリーブ畑の日陰。
パリの猫はもはや家から出ることはできない。大都市では室内飼育が進み、街で猫を見ることはなくなった。
南仏の猫たちは本能に従い、行く場所は自分で決めるという崇高な自由を持っている。

ペットフードの現地事情

数日分は日本から持ってきたけれど、滞在中のクミンのキャットフードは事前にお願いして買っておいてもらった。というのは、クミンが普段食べているのは「ロイヤルカナン社」のカリカリ。日本ではおなじみのペットフードなのだが、これがフランス製だったとは知らなんだ。調べてみたら、1968年に誕生したフランスの会社のペットフードだった。

　ペット先進国のフランスではペットフードの種類が豊富なので、現地調達には問題なし。スーパーや小さな商店でも必ずペットフードは置いてある。

　では、スーパーに行ってペットフード事情をチェックし

てみよう。さまざまな種類がずらりと並ぶ。やっぱり肉が多いが、チキン、七面鳥、鴨、牛肉が定番。鹿肉、野うさぎなどのジビエだってある。サーモン、まぐろ、たら、ますなど魚もあるが、肉に比べ種類は少なめ。食材の安全基準は厳しく設定されていて、オーガニック表記のものが目につく。

　そして、グルメシリーズが多くあるのはさすがフランス。シェフセレクションのソース仕立てのものはローズマリー風味の牛肉のトマト煮、たらとにんじんのパセリ風味、サーモンとズッキーニ、七面鳥とグリンピース。まるでレストランのメニューのよう。そして、フランス料理といえ

ば、ムースやテリーヌはお家芸だが、もちろんキャット
フードにも。オーガニック素材を蒸してムース仕立てにし
たものの中心部にソースが仕込まれていたり…。

　経由地トルコのキャットフードでは、チキン、牛肉の他
に羊肉使用のものが多く売られていた。豚肉不使用との表
記もしっかりあり、イスラム圏のトルコならでは。

　日本の私たちには驚きのペットフードの数々なのだけれ
と、ジビエや羊肉は高タンパクで低脂肪。ビタミンも豊富
で猫の栄養補給にはぴったりだ。そこに野菜などが加わり
総合栄養食になっている。うーん、勉強になる。

　ところで猫はネズミを捕る動物なのは誰もが知るところ、
つまり肉食動物だ。「お魚くわえたドラ猫〜♪」という国
民的に有名な歌があるし、猫まんまといえばご飯に鰹節を

かけたもの。猫は魚好きというのが日本人の共通認識かもしれないが、猫は本来、生肉は食べても魚はあまり食べない虎と同種の生き物だ。肉を与えられることのなかった日本の猫は仕方なく魚を食べるようになったそうで、海辺や魚の豊富な国に暮らす猫たちにも同じことが言えるのだろう。カツオやマグロがメインのキャットフードは栄養バランスを考えてつくられているが、やはり魚だけを食べていては栄養の過不足の問題がある。

食の苦労を知らずに育ったクミンは生の鶏肉に反応し、魚に関してはおいしそうなお刺身をひと切れあげようとしてもそっぽを向く。

今日もクミンはいつものチキンのキャットフードをおいしそうに食べている。

第 **6** 章

猫との旅の
終わりに

À la fin du voyage
avec le chat

préparation à l'in

日本に戻るためには、帰国40日前までに到着予定空港の動物検疫所に届出を出す。

狂犬病の清浄国である6地域（アイスランド、オーストラリア、ニュージーランド、フィジー諸島、ハワイ、グアム）以外から帰国する場合には、輸出国政府発行の証明書を取得しなくてはならない。出国10日前〜直前にペットを連れて、その国の獣医師、獣医官のところで輸出前検査（熱を測ったりの健康診断）を受け、政府機関の裏書証明（サインとスタンプ）を取得する。

正直、現地での証明書取得はちょっとだけ厄介。1枚ペラの証明書だし、項目はこれまでと同様のもので、自分で記入できる。しかも、事前に日本の動物検疫所が間違いないか確認もしてくれる。これが日本ですることならば何てことはないが、慣れない外国でするとなると、少々面倒だ。パリでならば、こういう手続きに慣れているだろうが、フランスの田舎では初めてのことかもしれないなあ…、とちょっと気が重い。

グーグルマップに滞在先の住所を入れて、獣医師を探す。カルカッソンヌに動物病院があった。メールを入れると、翌日に返信が！ 政府公認の許可があるかどうか確認をし、予約を取る。あー、よかった…。次は政府機関の予約だ。フランスにはDDPPという動物関連の行政や食品

　の衛生や安全性を管轄する機関が各県にある。あらかじめそこにアポイントメントをとって、裏書証明をもらわなくてはいけない。

　DDPPにメールをするが、待てど暮らせど、返信はない。まあ、相手はフランスの役所。日本と同様に考えていたら、ストレス値が高くなる。まあ、そんなものだ。予約の希望日は1か月半先なので、早過ぎたのかもしれない。出発1週間前に再度メールをしてみると、出発前日に返事がきて、アポイントを確保！

＊地域によっては、獣医官が検査と裏書証明の両方をしてくれるところもある。

　予約当日、クミンを連れてカルカッソンヌの動物病院へ。優しそうな若い獣医さんが丁寧に対応してくれる。やっぱり日本への輸出の検査は初めてだそうで、ひとつひとつ、慎重にチェックをしながら進めている。クミンの健康状態も問題なく、サインとスタンプをもらい、病院を後にする。

　さて、お役所のDDPPへ。ちょっと緊張もするけれど書類にサインとスタンプをもらうだけだから、と自分に言い聞かせつつ受付へ。アポイントを取ってある旨を伝えると「お待ちください」と言われる。20分経つが一向に担当者が来る気配はない。受付の人に聞いてみると「お待ちください」。そうそう、ここはフランスだからね。そんなものです。

さらに15分待つが、放置。もう一度聞いてみると「担当者は電話中なのでお待ちください」と。担当者がいるのなら、今日中にはスタンプがもらえるね。慌てない慌てない。

　それでも、交渉も必要なお国柄。その後もう一度聞いてみると、今度は「秘書が来るので、お待ちください」と言われる。待ちますとも。スタンプがもらえるのならば。

　そうしてしばらくすると秘書の方が来て、別室に通される。

「しばらくここでお待ちください」

そして、クミンと遊びながら待っていると（もう時計を見るのはやめた）、とうとう裏書証明がされた入国書類が私の手に。万歳‼

　スタンプとサインをしてもらった証明書をスマホで撮影して、日本の動物検疫所にメールを送り、再度、間違いがないかをチェックしてもらう。動物検疫所の方から確認のため送付するように言われていたのだ。厳重なチェックとも言えるけど、本当に丁寧。

　翌日、動物検疫所より入国書類に問題がないとのメールが届く。あー、これでクミンと無事に一緒に帰れる‼

SNCF vers toulouse

　いよいよ帰国。カルカッソンヌ駅まで車で送ってもらい、フランスの国鉄SNCFに乗ってトゥールーズまで移動することにした。列車の旅は大好き。車窓からの眺めも楽しめるし、フランスの列車は乗り心地もいいし、かっこいい。学生時代にユーレイルパスでヨーロッパ旅行をしたなあ、なんて懐かしく思い出す。

　トゥールーズまでは特急列車で約40分。これに乗ればあっという間なのだけれど、このタイプの列車は乗降のための階段の段差がかなり大きい。重たいスーツケースもあるし、クミンもいる。フランス人はたいてい誰かが荷物の上げ下ろしを手伝ってくれるけれど、少々気が重い。それならばとTERというローカル列車で行くことにしてみた。1時間10分かかるが、乗り降りがフラットなのは気が楽。それにこのくらいの時間なら、旅を楽しむのにちょうどいい。

　乗車券は駅の自動販売機で買えるが、SNCF Connectというアプリでも購入可能。車掌さんにQRコードを見せればOKだ。遅延の知らせも入るし、すごく便利。ダウンロードしたアプリでチケット選びをしていると、あれ？通常は10ユーロのチケットが、何と1ユーロで表示されている。SNCFは色々な割引があるが、オクシタニー地方限定の割引乗車券だった。枚数制限もあるし、乗車できる列車は限られているのだが、偶然、特典チケットを手に入

れてしまった！

　選んだ列車はローカル列車だけれど、スーツケース置き場もあるし、自転車乗り入れもOK。乗客はまばらだけれど、同じ車両に自転車を持ち込んでいる人が2人いる。ペットが乗車可能なのは言うまでもない。ゆったりしたボックス席をクミンと私で使わせてもらう。

　車窓からはひまわり畑の風景が続く。フランスはひまわりオイルを多用するので、各地でこの光景が見られる。残念ながら、もうすでに枯れている時期だったけれど、花の咲いている季節だったら、どんなに美しいことだろう。

　そうしてトゥールーズに到着。列車の旅も楽しかったね、クミン。

hôtels à toulouse

トゥールーズのホテル〜パリへ

翌日の飛行機は早朝なので、空港近くのトゥールーズのホテルに前泊することに。ペット可のホテル探しは何の苦労もなく、サイトで簡単に見つかった。クミンの宿泊料は10ユーロ、デポジットが200ユーロ。部屋を汚すなどのトラブルがなければ返金される。

カブルスピーヌの広い家からホテルの小さな部屋への移動。クミンはどうかなあと思ったら、部屋をくるりとパトロールしたら、すぐにすやすや。窓からはトゥールーズの赤レンガの屋根、緑が見えるのがお気に召したよう。旅慣れてきたのか「今夜はここか」という感じで、あっという間に受け入れてくれる。メルシー、クミン！

翌朝は朝4時に出発。クミンにも早起きしてもらい、長

140

　旅に備えていつもより多めにごはんをあげる。完食し、出かける前にしっかりトイレも済ませてくれて、ほっ。

　帰りはトゥールーズからパリ、そしてパリから羽田までとエールフランスでの旅。クミンの搭乗料金は200ユーロ。ペット料金は搭乗カウンターで払う。書類をチェックしてもらい、出国手続きは完了だ。

　さて、離陸。足元にいるクミンと目が合うと「にゃあ」とクミンが鳴いている。めったに鳴かないクミンなので、とても心配になる。頭を撫でてあげるがまた鳴き声をあげる。

　そうか。そろそろ飛行機に慣れてきてしまったクミンは、怖がって鳴いているのではなくて「外に出たい」アピールをしているのだ。あー、困ったなあ。抱っこしてあげたいけど、そうはいかない。パリまでは1時間半だから、ちょっと我慢してね。

air france à tokyo

　乗り換えをして東京行きの飛行機へ。今回の座席はプレミアムエコノミー。クミンのためにビジネスを奮発したかったのだけど、エールフランスのビジネスクラスはペット不可。スペースはエコノミークラスより40％広い。フットレストがあり、座席前のスペースにクミンを置くことができないので、膝に乗せて離陸する。食事中は足の下に置いたけれど、クミンがどうしているかが見えないので、淋しいし、心配。重たいが、クミンを膝の上に乗せて過ごすことにする。

　チーフパーサーがやってきて「猫ちゃん連れなんですね。私もシャム猫を飼っていて、パリ―東京を5回旅したことがあるんですよ。シャム猫は『にゃおにゃお』鳴くので、大変でした」と声をかけてくれる。「あまり動けないでしょうから、何か飲み物でも持ってきましょうか？」などの気遣いも。猫好きの連帯感は強し。

　はじめのうちは「出たい！」アピールをしていたクミンも、そのうちぐっすりと眠ってくれた。あー、私もシャンパーニュを飲んで、ひと眠りしよう。長かった旅も終わりが近づいてきた。どうか無事に着きますように。

第6章　猫との旅の終わりに

inspection d'immigra

　定刻に日本到着。クミンは元気そうでひと安心。荷物をピックアップしたら、税関検査の左側にある動物検疫所に向かう。

　カウンターに着くとファイルが置いてあり、これまで送った書類一式が揃えられていてちょっと驚く。

　動物検疫所のHPには12時間以内の係留検査と書かれているけれど、きちんと書類が揃っていれば30分程度で済む。準備した書類をチェックしてもらいOKをもらう。検疫官の方もこちらが緊張しないようにと接してくれているのがわかる。優しいな。

　別室に入り、ケージを開けると、クミンがぴょんと出てくる。「好奇心旺盛な猫ちゃんですね。普通は怖がって出てこないのにね」とにこやかにマイクロチップを読み取る。「これで完了です」

　クミン、お疲れ様。家に帰ろう！

第6章　猫との旅の終わりに

第**7**章

旅を終えて

Après le voyage

recette souvenirs de

　カブルスピーヌの村の人たちと話をしていて、何度か出てきた料理名が「フレジナ」。村の集会やパーティーでも大鍋でふるまわれたことがあるそうだ。フランス料理の研究家をしてきた私だが、初めて聞く料理の名前。日本語で検索しても全くヒットしない。

　「どんな料理なの？」と訊ねると「この地方の伝統料理で、カスレの家庭版だね。カスレは鴨のコンフィや豚肉、ソーセージなどたくさんの材料が必要だし、工程もいろいろあって、時間もかかる。脂もかなり多い料理だしね。でも、フレジナの材料のメインは豚肉だけ。作り方も簡単だし、日常に食べるおいしい料理だよ」

voyage "fresina"

と教えてもらった。リクエストしてつくってもらえばよかったのだが、残念ながら予定が合わず、村の滞在中に食べることは叶わなかった。レストランで食べられるところを探してみたが、フレジナを提供してくれる店は見つからなかった。カスレはレストランやビストロで食べる料理だが、フレジナは家庭料理なのだ。

日本に戻って1か月が経ち、フランスの食が恋しくなってきた頃、フレジナを家でつくってみることにした。

いろいろレシピを調べてみた。メインは豚肉とトマトで材料も手順も少ない。これなら日本の家庭でもつくれそうだ。とはいえ、ただの豚肉のトマト煮にはしたくない。もう少しこくのある味わいで、延長線上にカスレを感じるような味わいにしたい。

思案しつつ試作したが、思い通りにできあがった。豚肉の風味と脂が溶けこんだ煮込みはカスレほどではないが、濃厚さがある。豆は一緒に煮るのではなく、つけ合わせにするが、これも軽やかで悪くない。うん、これはフランス郷土料理、フランス家庭料理の味だ。もちろん、合わせるのはラングドックの赤ワイン。食べると村の美しい光景、料理のことを教えてくれたピエールやサンドラの顔が浮かぶような気さえする。自分でつくるのも悪くないけれど、今度はカブルスピーヌにフレジナを食べに行こう。

フ レ ジ ナ

材料（4人分）

白いんげん豆（乾燥）　200g　トマト水煮缶　1缶

豚肩ロース肉　600g　　　ローリエ2枚　タイム適量

生ハム切り落とし　40g　　クローブ2〜3粒

にんにく　1かけ　　　　　薄力粉　大さじ1

玉ねぎ　1個　　　　　　　ラードまたはサラダオイル　大さじ1

白ワイン　1／2カップ　　　塩、こしょう

1　白いんげん豆はたっぷりの水につけてひと晩おく。

2　鍋にいんげん豆、ローリエ1枚、タイム、
　　1の水を入れて弱火にかける。
　　1時間〜1時間半を目安に煮る。煮えたら塩を加え、
　　薄味のスープくらいの塩加減にしておく。

3　豚肉を4〜5センチ角に切り、塩をふる。にんにくは
　　みじん切り。玉ねぎは繊維を断つようにして薄切りにする。

4　別の鍋にラードを熱し、**3**の豚肉を各面焼く。
　　焼き色が付いたら生ハム、にんにく、玉ねぎを加えて炒める。
　　野菜が薄く色づいたら薄力粉もふり入れて炒める。

5　白ワインを加えて煮立て、トマトの水煮、ローリエ1枚、タイム、
　　クローブ、塩、こしょうを加えて弱火で1時間煮る。

6　器に**5**と**2**のいんげん豆を盛り合わせる。

帰国後のクミン

家に帰り玄関に入るとクミンは「あれ？　おうちだ」ときょとんとしている。これまでの旅行帰りには、家が近づくと大喜びで、ケージから飛び出そうとすることもあったのだけれど、今日の受け止め方はなんともクールだ。

そして、ごはんを食べて水を飲んで、いつもの場所ですやすや。まるでずっとそこにいたかのようだ。

その後も、クミンの様子は何も変わらない。私は時差ぼけを引きずっていたけれど、クミンは日本時間のいつも通りの時間に食事をして、窓から外を眺め、夜はベッドにやってきて一緒に眠る。外に出たがる時は廊下に出したり、マンション内の敷地を抱っこして散歩、というルーティンもいつも通り。

retour à la maison

　フランスでは広い家で過ごしていたし、中庭に出ることも自由にさせていた。クミンの行動パターンや性格が変わってしまうのではないかと、少し心配をしていたのだけれど、今までと同じ甘ったれクミンだ。いつものように私の後をついてまわり、膝の上に乗っかってきて抱っこをおねだりする。

　それでも、旅でいろいろな経験をし、クミンはきっと何

か変わったのだと思う。私だって、旅をする前と後では、同じじゃない。

　クミンは私の旅の素晴らしいパートナーだった。私一人ではできない初めての経験をたくさんできたのは、クミンのおかげだ。こんなにドキドキする旅はなかったし、クミンと一緒の目線で見ると、物事の見え方や景色だって違って見えた。

　一緒に旅をしてくれてありがとう。愛している、クミン。

à la fin

終わりに

　フランスでは「人間は動物と幸せに生きる権利がある」ということが法律で保障されている。住まいは賃貸契約でもペット不可という物件はなく、自由にペットと暮らすことができる。さらに、動物愛護法は改正され、ペットショップでの犬・猫の販売は禁止され、動物虐待、遺棄は厳罰化されることになった。「動物は幸せに生きる権利がある」という法律だ。

　日本でペットと共に生きていくための環境づくりは、まだまだこれからの課題。一緒に旅することについても、これからもっと考えていけたらいい。

　クミンには旅につきあってもらったけれど、一体どう感じていたのだろう。好奇心旺盛でいつでも適応してくれたとはいえ、慣れない環境や移動で、緊張もたくさんしたはずだ。

　それでも、クミンの様子を見ていると、私と一緒にいることで満足していたように思える。お留守番が嫌いで甘ったれなクミンは、置いてけぼりよりは一緒に旅することが幸せなのだと思うのは、たぶん独りよがりではないはず。

　私もクミンと一緒に幸せに暮らしたい。そして、クミンの幸せを大切にして生きていきたい。

　また一緒に冒険の旅に出てくれるかなあ？　クミンが嫌なら行かないけど、どうかなあ？　教えてよ、クミン。

平野 由希子 *Yukiko Hirano*

料理家。料理教室＆ワインショップ cuisine et vin 主宰。日本ソムリエ協会認定ソムリエ。2015年フランス農事功労章シュヴァリエを叙勲。書籍、雑誌、広告の料理レシピ制作、商品開発などを手がける。ル・クルーゼを日本に広めることになった『ル・クルーゼ』シリーズの著書が代表作。フレンチ、おつまみレシピなど著書多数。ワインをはじめとするお酒とのペアリングレシピを多岐にわたって提案している。

公式サイト：https://www.yukikohirano.com/
Instagram：@cumin_chatnoir@8yukiko76hirano

私のとっておき 50
南フランス 猫と旅する美しい村

2025年2月14日　第1刷発行

著者	平野 由希子（執筆、撮影）
編集・撮影協力	小野有美子
撮影協力	川上輝明（P152.P154.P159）、水野彩、水野修一（P198）
制作協力	フランスパラディ https://www.france-paradis.com/ ターキッシュ エアラインズ https://www.turkishairlines.com/ja-int
デザイン	鳴田小夜子（KOGUMA OFFICE）
編集	松本貴子（産業編集センター）

発行	株式会社産業編集センター 〒112-0011 東京都文京区千石4丁目39番17号 TEL 03-5395-6133　FAX 03-5395-5320
印刷・製本	株式会社研文社

©2025 Yukiko Hirano Printed in Japan
ISBN978-4-86311-434-0　C0026